JN123375

WASEDA ATHLETE PROGRAM

大学でスポーツをするということ

早稲田大学
競技スポーツセンター

早稲田大学
体育各部

野球部　1

庭球部

漕艇部　3

剣道部　4

柔道部　5

弓道部

水泳部

競走部　8

相撲部

ラグビー蹴球部

山岳部

12 スキー部

13 スケート部

バスケットボール部

15 ア式蹴球部

16 馬術部

卓球部

18 ボクシング部

19 体操部

空手部

バレーボール部

レスリング部　22

自動車部　23

米式蹴球部

ヨット部　25

ハンドボール部　26

ホッケー部

フェンシング部

応援部

頑張れ

軟式庭球部　30

準硬式野球部

自転車部

バドミントン部

航空部

35 ワンダーフォーゲル部

ゴルフ部

37 ウエイトリフティング部

38 射撃部

合気道部

アーチェリー部

41 ソフトボール部

日本拳法部

43 ラクロス部

44 少林寺拳法部

ご挨拶 Introduction

早稲田大学
総長　**田中 愛治**

　現在、早稲田大学ではWAP（早稲田アスリートプログラム）を展開しております。早稲田大学が創立150周年（2023年）時の大学の姿を想定して発表した「Waseda Vision150」の中の1つに、「早稲田スポーツの新たな展開」プロジェクトを掲げています。「早稲田スポーツの価値を最大化する」という目標を掲げ、様々な議論がなされ、単に優れた成績を修めるだけに留まらずアスリートとしてだけではない、文武両道を高いレベルで実践し、社会の様々な分野でリーダーとして活躍できる人材を世に送りだしていくことが必要であるということから、2014年から「早稲田アスリートプログラム（WAP）」がスタートしました。このプログラムは、スポーツを通じて社会に貢献する有為な人材を育成することを目標としており、現在の早稲田が目指す「研究の早稲田」「教育の早稲田」「貢献の早稲田」の実現において、「貢献の早稲田」に合致し、人格陶冶のための教育プログラムと修学支援プログラムから成り立ち、今後ますます完成度を高めるべく様々な取り組みを進めています。

　部員の皆さんは、この早稲田大学で体育各部に所属していたことを、またWAPの厳しい基準をクリアして部活動を続けたことを、誇りにして今後の人生を歩んでください。

　私も、学生時代は体育局（現在の競技スポーツセンター）空手部で4年間を過ごし、卒業しました。1年間を通して週6日は空手部で2時間半の稽古（練習）をし、大会前の1ヶ月は夜間稽古として更に2時間半程度行っていました。猛烈に過酷な夏合宿は1年生から4年生までの4回、春合宿は2年生になる直前から4年になる迄に3回と、7回全ての合宿に参加しました。4年間は毎日、ほぼ空手部の活動を中心に回っており、授業前も後も、空手の稽古のことを一時も忘れることなく過ごしていました。しかし、その合間や試験前には勉強もして、それなりの成績は残しました。

　この空手部で4年間鍛えられた経験は，その後の私の人生で、どんな

に苦しい時でも、「あの空手部の稽古に耐えられたのだから、これくらいは大丈夫」という気持ちで耐え抜きました。例えば、博士論文の完成前の1ヶ月間は、30日のうち28日は睡眠時間2時間で通しました（風邪を引いた2日だけは7時間睡眠でした）。そのおかげで、International Political Science Association（世界政治学会）のPresident（会長）も務め、早稲田大学の総長にもなりました。

　皆さんも、スポーツを通して自分の限界に挑戦し、培った気力・精神力・体力・知力は、各部員の人生に自信と誇りをも与えてくれると確信しています。スポーツで勝つための努力をしている皆さんは、相当に考えて頭を使って、自分と、また相手と闘っていると思います。今後の人生でも、それらが必ずや生きてきますので、自信を持って進んでください。

　早稲田アスリートプログラムを通して、早稲田大学は学生スポーツ界をリードしていく部員を、選手を育てていきたいと思っています。

早稲田大学空手部に所属していた学生時代の
総長。腕前は五段。

早稲田大学理事
（学生部門統括・スポーツ振興担当）
藤田　誠

　早稲田大学が2014年から開始した早稲田アスリートプログラム（Waseda Athlete Program：以下「WAP」とします。）は、「豊かな人間性を涵養するための教育プログラム」であるとともに「部員の学業をサポートするための修学プログラム」でもあります。昔から文武両道という言い方がありますが、WAPとはまさに体育各部部員の文武両道を支援するプログラムです。

　本学は、大隈老侯が体育による心身の鍛錬の重要性を強調されたことに由来して、明治以来日本のスポーツ界全体をけん引する指導的な役割を果たしてきました。昨今では、さまざまな大学がスポーツに力を入れるようになり、またスポーツのプロ化も進展するなど、大学スポーツ界を取り巻く環境は変容しつつあります。しかしながら、プロの世界であろうとアマチュアの世界であろうと、スポーツ界において本学卒業生（校友）が重要な役割を果たしていることに変わりはありません。現役部員の皆さんは、競技の技量を磨くことはもちろん大切なことですが、自分自身が行うスポーツの発展や社会的位置づけについても意識することを期待しています。また将来皆さんが大学を巣立った際には、「早稲田大学卒業生」であるとともに、「早稲田大学〜部出身者」という二重の意味での勲章あるいは責任を担うことになるということも意識して欲しいと思います。

　冒頭で文武両道という表現をしましたが、正確にいえば、本学では体育各部の活動を「文」すなわち学業・勉学と別のものとは位置づけておらず、学業・勉学の一部いわば「学科目」とみなしています。それゆえに、体育各部部員には、部での活動に対して単位が付与されているわけです。部活動に費やす時間や努力を考えれば、もっと多くの単位を認めて欲しいという意見もあるかもしれませんが、それは現状では無理としても、大学の選択科目と同等の扱いになってることは改めて自覚して欲しいと思います。またこのことは、大学が体育各部の活動を非常に重視

していることの現われでもあります。

　さて、スポーツが人間性涵養にもたらす効用については、忍耐力・克己心の育成など従来から色々なことが論じられていますが、私見では、従来あまり強調されてこなかった側面として、「自発性・自主性」あるいは「創意工夫」の育成があると思います。各部の監督・コーチをはじめとする指導者の方々は、ほとんどが各界の実力者であるため、指導者が示す練習方法、戦術などに関して、部員が意見する機会は多くないように推察します。確かに、各スポーツには効果的な練習方法、戦術などの基本・原則があり、それらは指導者の方々の知識・経験に頼るのが一番でしょう。しかし、個人競技の場合には、各人の身体的な特徴に応じた練習、戦術などがあり、団体競技でも、その時々のメンバーに適した練習、戦術などがあるはずです。こうした自分（達）にあった方法は、指導者の方々の示す方針のもと、各人・各チームが「自発的に創意工夫を凝らして見つけ出す」ことではないでしょうか。

　いま述べたことと関連しますが、採用をはじめとする人事に関する調査では、「就活生や社会人に求められる能力」の上位に「課題発見力」が挙げられます。課題発見力とは「どこに、どのような問題があるか」を認識する力であり、ビジネスの場面だけでなくスポーツにおいても求められる力量であるといえます。そして、さきに述べた自発性・創意工夫と課題発見力は、密接に関連しているといえます。すなわち、自発性・創意工夫がなければ、そもそも課題発見など難しいということです。従来以上に、大学教育の現場において「課題（問題）発見・解決型教育」が強調されていることを考え合わせると、今後大学スポーツにおいてもこうした側面がより重視されるようになると思います。もっとも、体育各部部員は自発的に部活動に参加しているのであり、そうした点では部員の皆さんは基本的な自発性は十分に兼ね備えていると言えるかもしれません。

　最後になりますが、体育各部部員が部活動を通じて心身と知力を鍛え、将来は世界で輝くグローバル・リーダーになることを期待しています。

早稲田大学競技スポーツセンター
所長 **石井 昌幸**

　本書のタイトル、「早稲田アスリートプログラム（WAP）」とは、早稲田大学にある44の運動部（体育各部）の全部員を対象としたプログラムの名称です。体育各部の部員は、全員がこのプログラムの受講生ということになります。早稲田大学では、体育各部の活動を早稲田の課外教育の一部と位置づけて重視してきました。

　「文武両道」は、早稲田の伝統です。創設者大隈重信候は、「智育、徳育、体育の三者は相並行して進まざるべからざるは、今更の問題にあらず」と述べ、早稲田スポーツの礎を築いた安部磯雄教授は「理想の運動家は、また理想の勉強家でなくてはならぬ」と説きました。WAPは、この伝統を受け継ぎ、現代に合うような形にしたものです。

　現在、早稲田大学は、「世界で輝く WASEDA」を目指して教育・研究活動に取り組んでおりますが、早稲田スポーツもまた、世界で輝く数多くの人材を輩出することを目標としております。世界大会やプロの舞台で活躍するようなアスリートだけでなく、各部での活動経験を経て一般の社会人として世に巣立って行く多くの部員諸君もまた、「世界で輝く WASEDA」の担い手であります。その幅広さはスポーツ界にとどまらず、企業・実業界はもとより、政界・官界、教育・研究、文化・芸能の世界にまでおよびます。

　こんにち、世界はさまざまな困難や大きな変化に直面しております。田中愛治総長は、グローバル社会を生き抜き、人類に貢献する人材となるために必要な2つの柱として、「正解」のない問題に立ち向かい、独自の解決策を生み出すことができる「たくましい知性」と「しなやかな感性」を掲げております。スポーツにおいても、マニュアルどおりに進めるだけでは、勝つことはできないでしょう。「たくましさ」と「しなやかさ」は、スポーツでも必須の要素です。早稲田大学体育各部は、競技で日本一を目指すだけでなく、「正解」のない原野を自ら切り拓きながら進んでゆく経験をとおして、世界で輝く幅広い人材が育つ場であると

考えております。

　WAP は、体育各部を統轄する全学組織「競技スポーツセンター（旧体育局）」が 2014 年度から開始した新たな取り組みで、「豊かな人間性を涵養するための教育プログラム」と「部員の学業をサポートするための修学プログラム」という 2 本の柱から成り立っています。その「教育プログラム」のためのテキストとして作成されたのが本書です。もともとは、2 冊の内部向け冊子だったのですが、私たちの取り組みをひろく社会に知っていただくためにそれを 1 冊に合本し、写真やコラムも増やして、2016 年に一般書籍としてこのテキストを世に問うことにしました。おかげさまで、学内外で注目を集め、ご支持を得ることができ、このたび第 3 版を出版することとなりました。前半が、「早稲田スポーツとは何か？」について書かれた部分（1〜5 章）。後半は、より広くアスリート一般に有用な実用的な知識を紹介した部分（6〜8 章）になります。

　いま大学スポーツ界は大きな転換期にあります。私たちは、まさしく「正解のない問題」に直面しているのです。私たちは、伝統の継承者であるのみならず、未来の創造者として、未来の大学スポーツのあり方を提案して参ります。副題にもありますように、いま「大学でスポーツをするということ」を、共に考えていくために、本書をより多くの方々に手に取っていただけますと幸いです。

**WASEDA
ATHLETE
PROGRAM**

Contents

Contents

WASEDA ATHLETE PROGRAM

Section 1

1 大隈重信と早稲田大学

　もうだいぶ前からのことですが、早稲田大学では、創設者を「大隈さん」と呼んだり、時には公式の場でも「大隈」と呼び捨てにしたりしています。「大隈老侯」という尊称を耳にすることは、現在では殆どありません。しかも、今では少しもはばかることなく「大隈」を"Big Bear"にしてさえいます。学校が創られてから140年を超えてなお、創立者が、形式的な尊崇ではなく、ある種の「親愛」の対象として意識され続けているという事実は、考えようによっては、不思議なことではないでしょうか。

　1922（大正11）年1月10日、大隈さんが自邸（今の大隈会館の場所）で亡くなりました。大隈さんは、日頃から、人は125歳まで生きることができると言っていました。如何にも「大風呂敷」という感じですが、誕生日である天保9年2月16日（1838年3月11日）から数えて85年の生涯でした。大隈講堂の高さが125尺（約38メートル）であるのは、この「大隈人寿125歳説」にちなんだものです。

　大隈さんの死去から一週間後の1月17日、日比谷公園（千代田区）で空前の「国民葬」が執り行われました。この日の朝、大隈さんの棺は早稲田の地を発って日比谷に向かい、告別式が行われ、その後、亡骸は護国寺（文京区）の墓所に埋葬されました。大隈さんのお墓の前に鳥居が立っているのは、葬儀が比較的まれな神葬祭だったからです。

　しかし、大隈さんの葬儀は、そのような儀式の形式ではなく、その実質において、人々の耳目を集めるものでした。と言うのは、この「国民葬」の会葬者は20万とも30万とも言われる数に上り、それは「厳粛であると同時に、一面陽気で……何となく祭礼のやうな感じ」（市島謙吉『大隈侯一言一行』、早稲田大学出版部、1922年、427頁）の盛儀だったからです。「国葬」ではなく、「国民葬」は、国民に人気の高かった大隈さんを送るにふさわしい葬儀であったと言えましょう。

　この「国民葬」が示すように、大隈さんは大衆の支持を拠り所とする政治家でした。しかしその反面、この事実は、大隈さんは政界の頂点からは少し離れた所に立っていた政治家であったことを示唆しています。すなわち、大隈さんはもともと佐賀の鍋島家に仕えていた中級武士の家に出自し、その結果、明治維新以後のその政治的立ち位置は、明治政府の中核を構成した薩摩（鹿児島）や長州（山口）の出身者とは別の所にあったということです。大隈さんは、いわゆる薩長藩閥と付かず離れずの距離を保ち

つつ、国民大衆を味方に付けるように行動していたと言えましょう。

　東京専門学校（1902〔明治35〕年、早稲田大学と改称。法的に大学になるのは1920〔大正9〕年）は、1882（明治15）年に、こういう大隈さんによって創られた学校です。しかも、学校創設は、当時の政府の中心勢力が大隈さんを政権の座から追い落とした、いわゆる「明治14年の政変」の翌年のことでした。

　東京専門学校の開校式は1882年10月21日に行われました。この時の来賓の中に、慶應義塾を創った福沢諭吉（1835-1901）もいました。しかし、創立者であるにも関わらず、大隈さんはこの開校式に出席していません。この事実は、案外知られていないのではないでしょうか。それは、時の政府から東京専門学校が「大隈の私学校」と見なされることを避けるための、やむをえない措置だったと思われますが、大隈さんの政治家としての微妙な立場や行動様式は、その後に徐々に形作られていく東京専門学校の校風と無縁ではなかったように思われます。「早稲田大学教旨」の筆頭に謳われている「学問の独立」をどう理解するかは、それを語る者の立場によって多様であるし、また多様であることがワセダ的だとも言えますが、一つの意味として、権威や権力からの適度な距離感、あるいは、政権に対する是々非々の態度といったものがあることは、確かだと言えましょう。そして、このことは、単に政治的文脈においてだけのことではなく、むしろ学校の創り方に端的に現れているという事実が、早稲田大学の歴史

にとって非常に重要だと言わなければなりません。東京専門学校＝早稲田大学は、明治期以降の高等教育機関の中で、官立の（帝国）大学とは明確に異なった理念と組織・人的構成をもって成立し、自らを成長させていった、そういう学校だということです。1882年の創立以来、東京専門学校＝早稲田大学は「私学の雄」を自任し、社会からもそのような評価を受けて、今日に至っています。このことは、我々の共有する誇りだと言えましょう。

　権威や権力に対して適度な距離を保ち、是々非々で臨もうとする志向は、学校の内部においては、単一の判断基準ではなく、多様な価値観の共存を認め合う、比較的闊達な気風を生み出す方向に作用したように思われます。いろいろな学生が、いつもワイワイガヤガヤいろいろなことをやっている、そういう活力を感じさせる雰囲気です。そして、そのいろいろなことの一つがスポーツです。江戸時代以前から伝わる武道系種目にせよ、明治期に欧米文明の一部として輸入されたSportsにせよ、早稲田の学生は、東京専門学校の時代から、日本のスポーツ界をリードしてきました。大隈さんが早稲田スポーツの最大の支援者の一人であったことは、言うまでもありません。

（川口　浩）

2 | 近代スポーツ史の中の早稲田

　近代スポーツの多くは、イギリスで生まれました。1863年のサッカー協会（FA）設立を皮切りに、ラグビー、陸上競技、卓球、ボクシング、水泳など、さまざまな競技が19世紀末から20世紀はじめにかけて、こんにちの形態の基礎を整えました。またアメリカでは、野球、アメリカンフットボール、バレーボール、バスケットボールなどが考案されました。器械体操はドイツで生み出され、冬季競技はアルプス周辺や北欧諸国を中心に発達しました。これらの競技は、明治以降つぎつぎと日本にもたらされましたが、早稲田大学はそれらをいち早く受容し、柔道、剣道、弓道、相撲など日本の伝統的競技とともに、100年以上にわたって日本のスポーツ界をリードしてきました。

　このように早稲田がスポーツを重視してきたのは、創設者大隈重信が、文武両道を重視したためです。大隈は、「知育・徳育・体育の三者は相並行して進まざるべからずは、今更の問題にあらず」とし、学生のスポーツ活動を積極的に奨励しました。早稲田大学の前身である東京専門学校では、すでに1882（明治15）年の開校翌年から、教員、学生がともに参加する「大運動会」が毎年開催されていました。1897年になると東京専門学校体育部が創設され、1902年には早稲田大学体育部となって柔術、撃剣、弓術、野球、庭球、端艇の6部が正式に公認され、各部が本格的に始動しました。

　1903年、野球部は、当時野球の先輩格であった慶應義塾に試合を申し込み、この年の11月21日に全スポーツを通じて最初の早慶戦が三田綱町の慶應義塾運動場で開催されました。また、日露戦争下の1905年には、日本初の野球アメリカ遠征を敢行しました。送りバントなどの戦術や「フレフレ早稲田」のエールは、このときにアメリカか

野球部最初の渡米 1905年　　出典：「早稲田スポーツの一世紀」

ら持ち帰られたものです。

　1911（明治44）年には、『東京朝日新聞』紙上に当時の学生野球への熱狂を批判した「野球とその害毒」と題した記事が連載されますが、アメリカ遠征を率いた野球部初代部長安部磯雄は「学生野球は教育の一環である」との立場から野球擁護の論陣を張りました。

　大正時代（1912 〜 1926）になると、スポーツの国際化が急速に進展するなか、早稲田はオリンピックをはじめ各種競技の国際大会に多くの選手を送るようになり、大正期に新たに 8 つの部が加わりました。現在でも毎年 5 月に開催される新人パレード、体育表彰式、入部式は、1927（昭和 2 ）年に始まるものです。この年、大学は早稲田スポーツを盛り上げる行事として 5 月に体育デーを設けました。各部選手のパレード、総長・OB 代表の訓話などはこの時から行われ、翌年からは前年度優勝した部に対して名誉旗が授与されるようになりました。

　当時、学生スポーツは日本のスポーツ界をリードし、早稲田はその中心的存在として国際大会に出場する選手を多数輩出しました。1920（大正 9 ）年、ベルギーのアントワープで開催された第 7 回オリンピックに、三浦弥平は早稲田大学初のオリンピック選手としてマラソン競技に出場しました（三浦は、同年の第 1 回箱根駅伝大会でも第 5 区（山登り）を走りました）。

　第 9 回アムステルダム大会（1928：昭和 3 ）の陸上競技三段跳びでは織田幹雄が日本人として初の金メダルを獲得し、水泳では高石勝男、新井信男、米山弘（800 m リレー）が銀メダル、高石勝男（自由形 100 m）が銅メダルを獲得しました。第 11 回ベルリン大会（1936：昭和11）で、サッカー日本代表は 1 回戦で強豪スウェーデンを破り「ベルリンの奇跡」と呼ばれましたが、このチームには堀江忠男（のちに政治経済学部教授）らをはじめスタメン 6 名、控え 4 名（高等学院 1 名含む）の早大生がいました。棒高跳びでは日本選手 2 名、アメリカ選手 2 名が日没後まで続く激闘を繰り広げました。このとき、2 位と 3 位を分けあった早稲田の西田修平と慶應の大江季雄は、帰国後に互いの銀と銅のメダルを 2 つに割ってつなぎ合わせ、「友情のメダル」と呼ばれて広く知られるようになりました。

　第二次世界大戦はスポーツ界にも影を落とし、1942（昭和17）年10月、大隈講堂における体育会の解散式によって早稲田スポーツも活動中止を余儀なくされました。多くの学徒が戦地へと送られ始めるなか、慶應義塾塾長小泉信三から早慶戦開催の提案を受けた、早稲田大学野球部監督飛田穂洲（すいしゅう）は、反対する大学側を説得し、試合開催を実現、いわゆる「最後の早慶戦」が行われました。この経緯は、映画『ラス

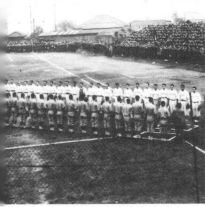

1943年出陣学徒壮行のため戸塚球
場で行われた最後の早慶戦
出典：「早稲田スポーツの一世紀」

1964年東京オリンピック大会
聖火リレー最終ランナー坂井義則
出典：「早稲田スポーツの一世紀」

トゲーム：最後の早慶戦』（神山征二郎監督・2008年）のなかに描かれています。

　第二次世界大戦が終わると、1946（昭和21）年には体育会が復活、以後早稲田スポーツは戦後日本のスポーツ復興に大きな役割を果たしました。1952（昭和27）年には体育局が設立され、これ以降、運動部は体育局所属の「体育各部」（当時34部）として活動をするようになりました。

　アジア初の開催となった1964（昭和39）年の東京オリンピックでは、学生25・校友18合わせて43名の選手が出場し、上武洋次郎がレスリング（フリースタイル・バンタム級）で金メダル、岩崎邦宏と岡部幸明が水泳800mリレーで銅メダルを獲得しました。また、当時早稲田の学生だった坂井義則は聖火ランナーのアンカーを務め、聖火に火を灯しました。男子サッカーが銅メダルを獲得したメキシコ五輪では、釜本邦茂、宮本征勝、八重樫茂生、森孝慈、松本育夫の早大出身者5名が活躍しました。

　こんにちまで、早稲田から夏季五輪に合計343名（学生188名、校友155）、冬季五輪に合計125名（学生46名、校友79名）が出場、66個のメダルをもたらしてきました。また、パラリンピックの北京・ロンドン・リオ・東京の夏季大会では学生6名、校友17名が出場。2021年開催の東京五輪レスリングでは、須﨑優衣が現役女子学生で初となる金メダルを獲得しました。オリンピック・パラリンピックのみならず、新旧さまざまな競技スポーツにおいて早稲田は巨大な足跡を刻んできました。また、アスリートだけでなく、指導者や協会役員、報道機関や協力企業などにおいても、他に類を見ない数の人材を国内外に送り出しています。

　1882年の創立以来、早稲田大学はスポーツとともに歩んできました。日本の近代スポーツ史は、早稲田大学を抜きに語ることはできないと言えるでしょう。

（石井　昌幸）

3 ｜ 早慶戦

　早慶戦は一つの対校試合です。しかし、その持つ意味には、単なる勝ち負けよりも遥かに重いものがあります。早慶戦の歴史的成り立ちの中に、その特別な意味を探ってみましょう。

　早慶戦は、1903（明治36）年11月、1901年に出来たばかりの早稲田大学野球部が、当時既に実績を積んでいた慶應義塾野球部に胸を借りるという形で始まりました。同月5日付で早稲田の野球部から慶應の野球部に送られた手紙の文意は「我々は不振続きで、選手は皆まだ幼稚なので、お教えを乞いたい」（早稲田大学大学史編集所編『早稲田大学百年史』第2巻、早稲田大学、1981年、569頁）という謙虚なものでしたが、先輩格の慶應に挑むという心意気が早慶戦のそもそもの出発点だったのです。こうして同月21日、慶應の三田綱町グラウンドで、第1回の早慶戦が行われました。試合結果は9－11で早稲田の敗北でしたが、最初の試合にも関わらず観戦者は「約数千」（同上、570頁）を数えました。後にして思えばですが、この数字は、良きにつけ悪しきにつけ、その後の早慶戦のあり方を暗示するものであったように思われます。

　早慶野球戦は、1904〜05年と続き、1906年も秋に2試合が行われ、一勝一敗となりました。しかし、野球試合の域を超えて応援が過熱し、不測の事態が懸念されるようになってしまいました。そこで、両大学首脳が話し合い、試合の中止を決定するに至りました。そして、その後、実に19年間、早慶戦は行われなくなってしまったので

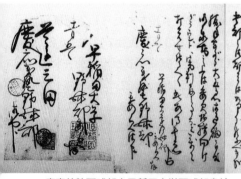

慶應義塾野球部宛早稲田大学野球部書翰
1903 年（明治 36）11 月 5 日
（慶應義塾福澤研究センター蔵）

史上に残る早慶第 1 回戦の出場メンバー
出典：「早稲田スポーツの一世紀」

す。この早慶戦中止は、応援を含むスポーツ全体のあり方を人々に問う、大きな社会的事件だったのです。

その早慶野球戦が復活したのは、早稲田・慶應・明治・法政・立教の野球連盟に東京帝国大学（現・東京大学）野球部が加わり、現在にまで続く東京六大学野球連盟が発足した1925（大正14）年の10月19・20日でした。この2日間、早稲田の戸塚球場（現在、総合学術情報センター〔中央図書館・井深大記念ホール・国際会議場〕が建っている場所）で行われた復活早慶戦は早稲田の2連勝となりましたが、勝敗の帰趨よりも、19日の試合開始前に安部磯雄（1865-1949）野球部長が観戦者に向かって「この野球戦をして、真に天下の範たらしむる事に努力されたい」（早稲田大学野球部・稲門倶楽部編『早稲田大学野球部百年史』上巻、早稲田大学野球部、2002年、253頁）と呼び掛けた事実をここに銘記しておきたいと思います。これは単に野球だけのことではなく、早稲田スポーツ全体の根幹に関わることだからです。

こうして復活した早慶野球戦は、昭和初頭の最新メディアであったNHKラジオの実況中継にも後押しされて、1つの国民的行事と言いうるほどの対校試合になっていきました。そしてその結果、早慶戦は野球以外にも広がり、現在では**表1**に示されているように、殆どの競技種目において行われるようになっているのです。

しかし、ちょっと考えると不思議なのですが、なぜ1つの対校試合に過ぎないものが、1903年以来、長い中断をはさみつつも、早慶の学生・卒業生だけでなく、両大学に直接関係のない社会の人々からも注目され、時には熱狂的に迎え入れられたのでしょうか。この社会現象は、なぜ起こったのでしょうか。

1つには、競技力や白熱した戦いぶりに裏打ちされた試合の面白さ、これがその理由だと言えましょう。これが欠けていては、そもそも何も始まりません。しかし、これは「戦」へ人々を引きつける条件ではありますが、早慶戦への関心はこれだけでは説明し切れないのではないでしょうか。素晴らしい「戦」は、他にも幾らでもあるからです。

もう1つ、早慶戦が社会の中で大きな位置を占めるための条件として、「早慶」に対する人々の関心や感心があるのではないでしょうか。つまり、早慶戦が特別な対校試合たりうるためには、「戦」のあり方は勿論ですが、その前に、「校」である「早慶」が日本の高等教育機関の中で特別な存在だと、社会の多くの人々から認められているという事実が必要であり、実際にそれがあったということだと思われるのです。

早稲田スポーツにとって、早慶戦は特別な意味を持つ対校試合です。しかし、それは狭い意味での勝ち負けだけの問題ではありません。早慶戦は、スポーツのあり方、

表1 早慶戦

部番	部名	○（実施） −（未実施）	部番	部名	○（実施） −（未実施）
1	野球部	○	23	自動車部	○
2	庭球部	○	24	米式蹴球部	○
3	漕艇部	○	25	ヨット部	○
4	剣道部	○	26	ハンドボール部	○
5	柔道部	○	27	ホッケー部	○
6	弓道部	○	28	フェンシング部	○
7	水泳部	○	29	応援部	−
8	競走部	○	30	軟式庭球部	○
9	相撲部	−	31	準硬式野球部	○
10	ラグビー蹴球部	○	32	自転車部	○
11	山岳部	−	33	バドミントン部	○
12	スキー部	−	34	航空部	○
13	スケート部	○	35	ワンダーフォーゲル部	−
14	バスケットボール部	○	36	ゴルフ部	○
15	ア式蹴球部	○	37	ウエイトリフティング部	○
16	馬術部	○	38	射撃部	○
17	卓球部	○	39	合気道部	○
18	ボクシング部	○	40	アーチェリー部	○
19	体操部	○	41	ソフトボール部	○
20	空手部	○	42	日本拳法部	○
21	バレーボール部	○	43	ラクロス部	○
22	レスリング部	○	44	少林寺拳法部	○

早慶戦実施　計39部（2022年度現在）

※詳しい日程は、競技スポーツセンターWEBサイト、または
各部WEBサイトやSNSで最新情報を確認してください。

言い換えれば、それをする人の本質に深く根ざし、また同時に、社会における早稲田大学の位置・評価と強く結びついた、そういう特別な意味を持つ対校試合なのです。早稲田スポーツをする人、観る、支える人の全てが、このことを忘れないで欲しいと思います。

（川口　浩）

4 | パラリンピックが教えてくれた 早稲田アスリートとしての覚悟

　1994年、私はバルセロナパラリンピックの銀メダリスト、筑波大学附属盲学校（現在の視覚特別支援学校）高等部の生徒会長として自己推薦入試で受験し、早稲田大学教育学部教育学科教育学専修に合格した。そして、晴れて入学を果たすことができた。

　私が早稲田を志望した最大の動機は水泳、スポーツではない。小学4年生に抱いた教師になるという夢を実現させるため、盲学校の恩師の母校でもある早稲田大学教育学部にあこがれを抱いたのがきっかけであった。だから、大学に入って、水泳を続けるということは主目的ではなかった。教員免許を取得し、教員採用試験に合格することを目指していた。ただ、高校2年生で初出場したバルセロナパラリンピック（1992年）の銀2、銅3という結果には満足しておらず、金メダル、世界一になりたいという強い気持ちをもっていた。そのような中、早稲田大学水泳部競泳部門はインカレ優勝を数多くしており、多くのオリンピアンを輩出している超名門であった。私が出場したバルセロナパラリンピックの1か月前に同地で行われたオリンピックに出場した選手が多く在籍しており、アトランタオリンピック（1996年）を目指している選手ばかりであった。「金メダルという忘れ物をアトランタで取りに行く！」という私にとっては、最高の環境であった。当時、長水路（50m）の室内温水プールを大学で所有していることは稀であり、戸山キャンパスにも室内25mプールをもっており、授業の空き時間などを活用できる環境は大変恵まれていた。

　その反面、大きな不安もあった。第一に私は自己推薦で入学したことで大学での勉強についていけないのではないかと考えていた。どこかで引け目を感じていたのだと思う。また、学生が4万人以上もいながら、学内に1人だけの全盲学生、初めての一人暮らし、教科書を点字にしてもらわなければならないこと（点訳）、数え上げればきりがないほどの不安に押しつぶされそうな自分がいた。さらに所沢キャンパスで練習するために早稲田キャンパスからの移動上（電車、バスの乗り換え等）の課題など、いくつものハードルがあった。

　しかし、自分はなぜ早稲田大学への入学を夢見たのか、「パラリンピックでの金メダルと教師になること」そこがぶれることがなかった。そのことで、多くの仲間、先生方のサポートをいただき、充実した学生生活をおくることができた。

大学3年、アトランタパラリンピックでは、水泳部で1日15kmほどの練習の成果もあり、念願の金メダルを2個獲得することができた。その他にも銀1、銅1の4つのメダルを手にすることができた。パラリンピックのことなど、ほとんど新聞、テレビなどのメディアに取り上げられない時代であったが、早稲田スポーツ新聞だけが大きく報じてくれたことは、今でも忘れることができない。

　そして、点字会というサークルが語学の教科書点訳、授業のレジュメや推奨図書等を対面朗読等してくれ、学業もこなすことができた。教師になるために必要な教職課程の単位を取得し、静岡県公立中学校社会科の教員採用試験に合格することができた。当時、倍率は50倍ほどであった。そして全国ではほぼ前例のない点字受験、全盲の公立中学校教師となることができた。私が入学前に抱いていた夢、金メダル獲得、教師になることの2つを実現できたのは早稲田大学にいたからに他ならない。早稲田という個性豊かな仲間たちの中にいると全盲であるということさえも大したことがないように感じられる環境はとても貴重であった。

　パラリンピックは4年に1度、世界一を決める大会である。世界最高峰の舞台に立てた喜び、そこで主役になれた感動をしっかりと伝えていきたい。

　アテネパラリンピックでは大学院生として臨み金1、銀2、銅2のメダルを獲得することができ、アトランタからの50m自由形3連覇を果たすことができた。

　自ら欲すれば必要なものが早稲田には見つけられると思う。

（河合　純一）

アテネパラリンピック
男子50メートル自由形で3連覇

ロンドンパラリンピック
男子100メートルバタフライ決勝

5 早稲田スポーツ・ミュージアム

　日本で初めての大学スポーツ・ミュージアムである「早稲田スポーツ・ミュージアム」は、戸山（文学部）キャンパスの「早稲田アリーナ」内に、2019年3月20日に一般公開を開始しました。コロナ禍を経たいま、再び多くの方々にご来場いただいております。

　早稲田スポーツ・ミュージアム設立の発端は、早稲田大学体育各部のOBOG組織である稲門体育会から提出された「設立要望書」でした。そこには、「先輩たちの果たしてくれた功績をたたえ、それを未来に引き継ぐこと」が目的として掲げられていました。この想いを受けて、アリーナ新設時に、そのなかにミュージアムが設置されることになりました。

　ミュージアムの中をのぞいてみましょう。エレベーターを降りると、正面には大きなイメージ写真が貼り付けてあります。エンジを基調としたスクリーンに、さまざまな早稲田アスリートたちが躍動しています。応援している学生たちの写真も大きく入っていて、選手と応援する学生との一体感が表現されています。入り口を入ると、正面に何やらデコボコした金属の壁が取り付けられています。これは、「記念会堂」の入り口上部にあったカマボコ型の壁の一部です。記念会堂は、現在のアリーナの位置

エントランスホール

にあった体育館兼ホールで、1964年の東京オリンピックでフェンシング会場として使用されたほか、入学式や卒業式、体育の授業やさまざまな試合が行われた場所です。その壁に、「記念会堂の記憶」として数々の懐かしい写真や、記念会堂解体の映像が映し出されるようになっています。

　壁の左側の部分には、早稲田の現役・校友としてオリンピックでメダルを獲得した方々のお名前がはめ込まれています。銘板の色は、獲得した最高のメダルの色になっています。頭上からは、学生歌「早稲田の栄光」が小さな音で流れ、ノスタルジックな雰囲気を醸しています。壁に向かって右側には、記念会堂入り口に設置されていた銘板と、1964年東京五輪時の記念会堂の写真などが飾られています。

　さらに進んだ左側の壁には、創設者大隈重信と初代野球部・庭球部部長安部磯雄の言葉の引用があります。2人とも文武両道を非常に重視していました。大隈も安部も、いまでも通用するようなユニークなスポーツ論を展開していますので、ぜひ読んでみてください。進行方向正面のモニターでは、早稲田スポーツを代表する5人の卒業生たちのインタビュー映像が流れています。各界で活躍するOBOGが、それぞれの「早稲田スポーツとは？」を語っています。

　モニターの右側には年表。創設から現代までの早稲田スポーツをめぐる様々な出来事が写真入りで紹介されています。年表下段には「世界と日本のスポーツ」の項目が据えられていて、世界や日本のスポーツ史のなかで早稲田スポーツが果たした役割が対置しながら理解できるようになっています。早稲田スポーツの歴史が、いかに日本と世界のスポーツの歴史と重なっているかがご理解いただけるかと思います。

　年表奥の長いショーケースには、早稲田スポーツの歴史を代表する8つのエピソードがパネルで説明され、それと関係のある品々が展示されています。早大生ならぜひ

全景

体育各部セレクション

とも知っておいて欲しいエピソードを集めました。さらに奥には、21世紀のオリンピック・パラリンピックに早稲田から出場する選手たちの紹介があります。

正面奥のスクリーンでは、このミュージアムのために作った早稲田スポーツのイメージ映像に続いて、相撲部とラグビー蹴球部の創部100周年記念の際に作成されたビデオなどが上映されています。ビデオコンテンツは、随時更新されています。スクリーンに向かって右側には、体育各部の紹介展示コーナーがあります。ここでは、6部が3ヶ月くらいを目安に、自分たちの「お宝」を持ち回りで展示することになっています。この6部展示の前に立つと、神宮球場での応援の音声が上から降ってくるようになっています。こちらは神宮球場で実際に学生諸君が歌っている声を録音したものです。

ミュージアムの中央には、手前から展示用柱、貴重品展示ケース、早稲田スポーツ名鑑が並んでいます。一番手前の展示用四角柱には、44部を順番に紹介するデジタルサイネージ、スポーツ科学学術院の紹介、各部の部章、稲門体育会の紹介が設置されています。貴重品展示ケースには、期間限定で数々の貴重な品が展示されます。

係員カウンターに向かって左側は、フォトコーナーです。エンジと白の市松模様（体育各部共通ロゴ入り）のインタビューバックの前で写真を撮ることができます。ここに立つと、早慶サッカー定期戦の際に応援席で学生たちが歌った「紺碧の空」の音が聞こえてくる仕組みになっています。フォトコーナーのバックパネルは、学内で唯一これが常設された場所で、「レジェンド」たちのサインも入っています。

レジェンドだけでなく、体育各部に在籍したすべての人たち、早稲田スポーツに貢献したあらゆる人たちの名前や業績は、中央近くの「早稲田スポーツ名鑑」で見ることができます。いまだ完成していませんが、各部に在籍したすべての人たちのお名前

早稲田スポーツの栄光

Walk of Fame

とプロフィールをここに蓄積し、データベースを作るという壮大な計画です。

　廊下に出ると、エレベーター側を背にして右側に「スポーツ功労者」の方々の写真が飾られ、左側の壁には織田幹雄さんの三段跳びのシルエットが描かれています。この絵を見ると織田さんのジャンプがいかに凄かったかを実感できると思います。

　早稲田スポーツ・ミュージアムは、全館撮影自由です。写真を SNS などにアップする際には、ぜひ # wasedasports とつけてください。ミュージアムというと、静寂な印象があると思いますが、スポーツをテーマとするこのミュージアムは、展示が動的なイメージになるように工夫しました。そのために、可能な限り映像と音を多用しました。「紺碧の空」の歌声、学生たちの歓声、ボールの音などの音響が、ミュージアムのあちこちで聞こえるはずです。騒がしいことはミュージアムでは NG だけれど、このスポーツ・ミュージアムは、見にきた人たちがガヤガヤと話しているような空間にしたい、という想いが込められています。

　スポーツを応援することで、早大生としての一体感を高めることは、早稲田大学の伝統のひとつであります。学生、校友のみならず、広く社会から応援され、愛される早稲田スポーツであり続けるために、早稲田スポーツ文化の拠点として、是非このミュージアムを活用していただきたいと思っております。そしてそのまま、競技場に足を運び、皆さんで早稲田スポーツを応援しましょう。

（石井　昌幸）

Column 01

安部磯雄と早稲田大学

川口 浩

　安部磯雄（1865-1949）は、一般的には、教育者・キリスト教社会主義者として知られています。しかし、安部には、スポーツの振興に尽力したという、もう一つの顔があるのです。

　安部は貧しい士族の家に育ちましたが、1879（明治12）年に同志社英学校に入学、キリスト教徒となりました。1891年には、米国コネチカット州のハートフォード神学校に留学、そこでテニス・プレーヤーとなったのがスポーツとの最初の出会いでした。社会主義に触れたのも米国においてでした。その後、ベルリン大学に学び、1895年に帰国した安部は、1899年に東京専門学校（1902年、早稲田大学と改称）の教員となりました。

　安部は、1927（昭和2）年に早稲田大学を退職するまでの間に、体育部長、野球部長、庭球部長、競走部長を務めました。また学外では、大日本体育協会の設立に参加し、東京六大学野球連盟会長、日本学生野球協会会長を歴任しました。1959（昭和34）年、野球殿堂に顕彰されたのは、「学生野球の父」としての功績によるものでした。

　現在、総合学術情報センター（中央図書館・井深大記念ホール・国際会議場）が建っている場所は、1987年まで「安部球場」と呼ばれた野球部のグラウンドでした。現在、東伏見にある野球部のグラウンドは「安部磯雄記念野球場（安部球場）」と称されています。

安部磯雄

安部球場（右奥に見える建物は現15号館）

Column02

早稲田から世界へ
～先魁の人、織田幹雄～

佐野 慎輔

2020年大会開催にむけて改築のために東京・千駄ヶ谷の国立霞ヶ丘競技場は取り壊されてしまいました。かつて、この競技場のトラック第4コーナー内側に白いポールが立っていたことを覚えていらっしゃる方も少なくなりました。

1964年10月10日、東京五輪開会式でその「織田ポール」には五輪旗が掲げられました。私たち日本人は、この高さ15㍍21のポールを忘れてはならないと思います。

1928年8月2日、早稲田大学競走部1年生の織田幹雄選手はアムステルダム五輪競技場の三段跳びピットにいました。跳躍1回目は15㍍13、「リラックスできていたし、いけるという感触をつかんだ」と織田さんは思いました。そして2回目、力強く踏みきると記録は8㌢伸びました。「ところがあの後、かかとを痛めてね、もう跳べなかったんだ。だけど、その後、誰も僕の記録を超す人がいなくてね……」。

そうです、15㍍21は日本人初、いえアジアで初めて誕生した五輪金メダリストの優勝記録でした。亡くなる2年前の1996年、織田さんに3時間近く話を伺いました。まもなく91歳を迎えようかという人の頭脳は明晰で、話に澱みはありませんでした。

織田さんは笑いながら話を続けます。このとき、慌てたのは大会役員でした。表彰式用の日の丸の用意がなく、山本忠興選手団長が「もし勝ったら体を包むように」と持参していた旗を早稲田の後輩・南部忠平選手に託して手渡したのです。メインポールの日の丸は他の国旗の4倍はありました。そして「君が代」

は「千代に八千代に」から演奏されるなど大混乱でした。でも、織田さんは言います。「僕は僕なりに自信はあった」。

1905年、広島県海田町生まれ。県立広島一中（現・国泰寺高）で跳躍の才能を見いだされてサッカー部から陸上部に移ります。全国大会の走高跳と走幅跳で優勝し、17歳で両種目の日本新記録樹立、広島高等師範臨時教員養成所2年生だった24年にはパリ五輪に出場しました。走高跳は予選落ちでしたが、三段跳びで日本陸上界初の6位入賞を果たしています。しかし、織田さんは不満でした。「39日間の船旅での調整不足と、見るもの聞くもの初めてで雰囲気に呑まれた」

パリ五輪の翌年、早稲田大学高等学院に進み、競走部に入部します。次のアムステルダム五輪にパリの失敗を活かすべく、創意工夫の日々が始まりました。他国のライバル選手に練習法を学び、空中動作会得のために土手から川に跳び込む練習を繰り返したりしました。歌舞伎の名優六代目尾上菊五郎の動きを応用したいと、舞台に通ったこともありました。「コーチのいない時代。自分で考えるしかなかったんだよ」。

織田さんは広島一中時代から、指導された内容を「原点ノート」として記録していました。パリ以降は、世界を意識して英文で書かれています。

アムステルダムでは「リラックスを心がけ」、地元の子どもたちと辞書を片手に会話し、「もしもし亀よ…」と歌まで教えています。時にはサッカーやボートに興じ、米国選手団

が寝起きする軍艦を訪ねたりしました。雰囲気に呑まれない方策でした。

後年、織田さんは国際陸上競技連盟（IAAF）技術委員、世界コーチ会議メンバーとして各国で技術指導していますが、当時から指導には定評がありました。日の丸を揚げた同じ日、メダルを期待された短距離で敗れ、悲壮な決意で800㍍に出場した人見絹枝選手に「ずっとついて行って最後にスパート」する作戦を授け、日本人女子選手初の銀メダルに導きました。また、南部選手は走幅跳専門でしたが、跳躍は「三段跳び向き」と見抜いて、32年ロサンゼルス五輪金メダルにつなげています。

棒高跳びの西田修平選手には試合前の試技で高く跳んで周囲にプレッシャーを与えよと心理作戦を伝授しました。西田さんはロサンゼルスで銀、36年ベルリン五輪でも慶應義塾大学の大江季雄選手と同記録で2位に入りました。ふたりは自分たちには2位も3位もないと、銀と銅のメダルを2つに割ってつなぎ、「友情のメダル」として教科書に載りました。当時大阪朝日新聞運動部の織田記者の文章です。

余談ですが、織田主将時代の早稲田大学競走部に入った西田さんは織田さんを生涯、敬愛していました。1997年、大阪・長居競技場で開かれたIAAF陸上グランプリ、織田さんの乗る車いすを西田さんが押す兄弟のような姿が今も忘れられません。

朝日新聞運動部長の傍ら、数々の役員、代表監督などを務めました。東京五輪では日本代表総監督を務め、国立競技場近くに借りたマンションを拠点に情報を収集、スピードのある円谷幸吉選手をマラソン代表に抜擢し銅メダルをもたらしています。

翌年、早稲田大学教授に就任し、後身の指導と競技発展に心を砕きました。そんな織田さんは、「ホップ・ステップ・ジャンプ」と呼ばれていた種目を「トリプル・ジャンプの3」にちなみ「三段跳び」と命名しています。創意工夫の人らしい言葉の革命であるように思います。栄光のアムステルダムから戻った頃の逸話でした。

「強い者は美しい」

早稲田大学から世界に飛躍した先魁の人が晩年、殊に好んだ言葉です。

三段跳　日本初の金メダル
出典：「早稲田スポーツの一世紀」

織田幹雄
出典：「早稲田スポーツの一世紀」

佐野 慎輔（さの しんすけ）

PROFILE

産経新聞 客員論説委員。笹川スポーツ財団理事／上席特別研究員
1979年早稲田大学教育学部卒業後、報知新聞社入社。1990年産経新聞社入社
後、産経新聞シドニー支局長、外信部次長、編集局次長兼運動部長、サンケイスポーツ代表、産経新聞社取締役などを歴任。スポーツ記者を30年間以上経験し、野球とオリンピックを各15年間担当。5回のオリンピック取材の経験を持つ。

「二刀流の挑戦」

村岡 桃佳

平昌パラリンピックにおける、金メダルを含む出場全5種目でのメダル獲得。この結果があったからこそ、私は二刀流の挑戦という大きな決断が出来たと実感しています。

「パラリンピックで金メダルを獲る」それが私の幼い頃からの夢でした。2014年、高校2年生で初めて、夢であったパラリンピックに出場。次こそは絶対に表彰台に乗るぞと意気込み、トレーニングに励んだ4年間。自身二度目のパラリンピック出場となる平昌大会において、前述の通り自分自身も想像していなかったほどの好成績を残すことができ、この結果が、パラ陸上競技への挑戦、そして二刀流の決断と、自身の新たな扉を開いてくれました。

幼少期にパラ陸上競技に取り組んだことはありましたが、その時は趣味程度。本格的に取り組むのは初めてでしたが、冬季競技のメダリストであり、メダルを獲るための厳しいトレーニングも積んできたという少しばかりの自信はありました。しかし、チームでトレーニングの指導を受けている際、ウォームアップにもついていけずにいっぱいいっぱいの私は、メインの練習に入る前に「桃佳は今日これで終わりね」とコーチから言われるほど。競技特性の違いから必要とされるトレーニングも大きく異なり、その内容があまりに辛く、二刀流の挑戦を決断したことを後悔する日もありました。それでも諦めることなくトレーニングを積み重ねていくうちに、チームのメンバーと同じ練習をこなすことができるようになりました。と同時に、走ることの楽しさや記録が向上することの嬉しさを実感できるようになり、そして私はパラ陸上競技の魅力にも取り憑かれていきました。

パラ陸上競技への挑戦を通して、追われるだけでなく追う気持ち、挑戦者としての気持ちを持ち続けられたことは、自身にとって大きな財産であると感じています。私は、パラリンピックのアルペンスキーで二度、金メダルを獲得しました。だからといって自分に自信がある訳ではなく、勝てる確証もない。それでも、勝ちたい。負けたくない。私はこれからも挑戦者として、世界のライバルと、そして自分自身と戦い、世界の頂点を目指し続けます。

女子滑降座位で滑降する村岡選手

村岡 桃佳（むらおか ももか）
PROFILE
1997年生まれ 埼玉県深谷市出身
2019年3月早稲田大学スポーツ科学部卒業
スキー部OG
2019年4月より早稲田大学大学院スポーツ科学研究科入学
トヨタ自動車株式会社 所属

Column04

「夢を語り合う友をつくれ」

松瀬 学

　20年。もう、そんなになるのです。早稲田ラグビーの熱い魂に触れた"ラガー外交官"がイラクの砂漠で銃弾に倒れて。

　2003年11月29日。イラク戦争の最中、奥克彦さんは黒色の四輪駆動車でバクダッドから同国北部での「復興協力会議」に向かっている時、何者かによって銃撃され、天国に召されました。享年45。奥克彦さんの夢は外交官になること、そして日本で大好きなラグビーのワールドカップ（W杯）を開催することでした。

　その夢はふたつとも実現したことになります。2019年ラグビーW杯日本大会は日本代表の活躍もあって大成功しました。大会組織委員会広報戦略長をつとめた僕は、奥克彦先輩の喜ぶ顔を思い浮かべたものです。

　百年以上の歴史を持つ早稲田ラグビー部には千数百人のOBがいます。大学時代はみな各自の夢を持ち、日々の練習に打ち込んだのです。奥克彦さんと同じ1976年春に入学した奥脇教（つとむ）さんは2023年正月、大学時代をこう振り返りました。

　「夢がなければ、とても大学のきつい練習なんかできないよ。田舎から出て来てさ、くそっと思ってさ、がんばるしかなかったんだ」

　奥脇さんは大学2年夏の長野・菅平合宿の

ある出来事を忘れません。大型フルバックと期待されていた同期の奥克彦さんが突然、山を下り退部したのです。奥脇さんは「なんだ、つらくて逃げるのか」と思ったそうです。

　その後、奥克彦さんは最難関の外交官試験に一発合格します。奥脇さんは驚き、「奥は夢を実現させたんだ」と見直したそうです。奥脇さんも努力し、夢の日本代表入りを果たしました。

　奥脇さんは日本代表の英ウェールズ遠征の際、ロンドンのパブで、外務省からオックスフォード大に留学していた奥克彦さんとビールを酌み交わしました。途中退部を恥じる友に、笑って言ったそうです。「お前は外交官、俺はジャパン、それぞれ夢が叶ったからいいじゃないか」

　奥脇先輩は2023年3月、高校教員を定年退職しました。大学の後輩にこう、エールを送ります。夢や目標は大事だぞ。夢を語り合う友をつくってください、と。

松瀬 学（まつせ まなぶ）

PROFILE

1960年生まれ。長崎県出身。1983年早稲田大学社会科学部卒業。ラグビー部所属。共同通信社、ラグビーW杯組織委員会広報戦略長などを経て、現・日本体育大学教授。ジャーナリスト。

早稲田大学スポーツ年表

1882 (明治15)	東京専門学校創立
1883 (明治16)	飛鳥山で講師教員学生合同懇親会開催 (運動会の始まり)
1895 (明治28)	早稲田倶楽部 (体育部の前身) 設立 (撃剣・相撲・庭球・野球)
1897 (明治30)	東京専門学校体育部発足 (郊外運動・器械体操・柔術・弓術が加わる)
1901 (明治34)	野球部結成
1902 (明治35)	早稲田大学に改称
	体育部発足 (撃剣部・柔術部・野球部・庭球部・端艇部・弓術部公認)
	戸塚運動場竣工 (後の安部球場)
1903 (明治36)	三田綱町の慶應義塾運動場で初の早慶野球試合
1904 (明治37)	野球部が第一高等学校に初勝利、「一高時代」終焉
	第1回水上運動会開催
1905 (明治38)	野球部初のアメリカ遠征
	向島で早慶端艇競漕開催
1906 (明治39)	応援過熱により早慶野球試合中止 (1925年まで)
	アメリカ太平洋艦隊来日、各艦チームと早慶が野球試合
1908 (明治40)	ワシントン大学野球部を招聘
	大隈重信が日本初の始球式
1909 (明治41)	野球部OBによる稲門倶楽部誕生
1910 (明治42)	稲門対三田庭球試合開催
	水泳部公認
1914 (大正3)	早慶明3大学が野球リーグ結成、法政 (1917年)・立教 (1922年)・東大 (1925年) の加盟で東京六大学野球へ
	競走部公認
1915 (大正4)	野球部が3大学リーグ戦 (春) で初優勝
1917 (大正6)	極東選手権の野球代表予選で優勝し代表に
	相撲部公認
1918 (大正7)	庭球部満州遠征
	蹴球部 (ラグビー) 公認
1919 (大正8)	6人漕滑席艇による対東大ボート試合開催 (初のシェル艇対抗レース)
1920 (大正9)	第1回箱根駅伝に早稲田・慶應・明治・東京高師が出場
	第1回早稲田対関西学院陸上競技会開催 (鳴尾)
	第1回インターカレッジ競漕大会 (隅田川) に早稲田・東大・商科大・明治・東京高工が出場 (8人漕滑席艇使用)
	山岳部公認

1901 野球部結成

草創期の野球部 (1902)

戸塚運動場竣工 (1902)

水上運動会 (1909)

創立30年記念陸上大運動会 (障害物競走) (1913)

1921 (大正10)	体育部が体育会に改称 稲門対三田野球試合開催
1922 (大正11)	早慶ラグビー対抗試合開始（三田） 第3回箱根駅伝で初優勝（翌年連覇） 第1回全日本庭球選手権で単複優勝 五大学野球（秋）で全勝優勝 スキー部公認
1923 (大正12)	第1回早慶対抗陸上競技大会開催 スケート部・バスケットボール部公認
1924 (大正13)	第1回早慶庭球試合開催 ア式蹴球部公認
1925 (大正14)	上保谷（現東伏見）に総合運動場設置、体育各部の練習場に 六大学野球リーグ戦開始、10勝1敗で優勝
1926 (昭和元)	バスケットボール部が「早関戦」開始、バスケットボール界初の定期戦
1927 (昭和2)	第1回早慶水上対抗競技会開催（芝公園プール） ラグビー蹴球部オーストラリア遠征 バスケットボール部渡米（翌年まで） 馬術部公認
1928 (昭和3)	アムステルダム五輪の三段跳で織田幹雄が日本人初の金メダルなど 第1回全日本学生陸上競技会（神宮）で優勝 陸上競技団が英仏遠征、国際学生大会（パリ）3位 卓球部公認
1929 (昭和4)	ボクシング部公認
1930 (昭和5)	早慶野球戦切符事件 復活第1回早慶レガッタで優勝
1931 (昭和6)	応援歌『紺碧の空』誕生 剣道部員10名渡米、1ヶ月半にわたり各地で剣道紹介 レスリング部（正式には翌年1月結成）が大隈講堂で初のレスリング公開試合開催
1932 (昭和7)	ロサンゼルス五輪で南部忠平OBが三段跳で金メダル、横山隆志が水泳800mリレーで金メダルなど
1933 (昭和8)	戸塚球場に照明設備完成、日本初のナイター実施 体操部・空手部公認 早慶野球試合後に両校応援団が衝突（リンゴ事件） テニスの佐藤次郎が男子世界ランキング3位
1934 (昭和9)	東京学生アメリカン・フットボール連盟設立、早稲田・明治・立教の3大学でリーグ戦開始 第1回全日本アマチュア・レスリング選手権が早稲田大学で開催 バレーボール部・レスリング部・自動車部公認

1928
織田幹雄　金メダル

アムステルダム五輪の三段跳びで
織田幹雄（在学生）が日本人初の金メダル

ロサンゼルス五輪で南部忠平が
三段跳で金メダル（1932）

リンゴ事件（1933）

37

1936 (昭和11)	第1回全国大学・高専体操選手権に早稲田・慶應・文理の3大学参加
	ホッケー部上海遠征（翌年まで）
	ベルリン五輪で杉浦重雄が水泳800mリレーで金メダルなど
1937 (昭和12)	ア式蹴球部上海遠征
1938 (昭和13)	中島治康OBがプロ野球初の三冠王
1939 (昭和14)	米式蹴球部・ヨット部公認
1942 (昭和17)	体育会が学徒錬成部に統合され解散
	ハンドボール部公認
1943 (昭和18)	戸塚球場の鉄骨解体、優勝カップなど金属供出
	戸塚球場で出陣学徒壮行野球試合開催（最後の早慶戦）
1945 (昭和20)	体育会復活
	全早慶野球復活
1946 (昭和21)	ホッケー部・フェンシング部・応援部公認
1947 (昭和22)	体育会に監督制度導入
	軟式庭球部・準硬式野球部公認
1950 (昭和25)	六大学野球春秋連覇（翌春まで3連覇）
	早慶野球戦（春）でフクちゃんのデコレーション初登場
1951 (昭和26)	応援部にブラスバンドが加わる
	自動車部が第1回全日本学生自動車競技会優勝
1952 (昭和27)	体育局（競技スポーツセンターの前身）設置
	自転車部・バドミントン部・航空部公認
1953 (昭和28)	早大隊が南米アコンカグア（7035m）登頂
	バレーボール部渡米、6人制国際式バレーを経験
	ワンダーフォーゲル部公認
1954 (昭和29)	長沢二郎がバタフライの「ドルフィンキック」を発明
1955 (昭和30)	早慶対抗剣道試合復活
	宮城 淳OB・加茂公成OB組がテニス全米選手権ダブルス優勝
1956 (昭和31)	ゴルフ部・ウエイトリフティング部公認
	日下田 實OBマナスル登頂
1957 (昭和32)	早慶対抗ボートレース（隅田川）で豪雨と波浪のため慶應艇沈没
	射撃部公認
1958 (昭和33)	東伏見馬場完成
	合気道部公認
1959 (昭和34)	野球体育博物館（野球殿堂）開館、安部磯雄ら9人が最初の殿堂入り
	『早稲田スポーツ新聞』創刊

1936
西田修平　銀メダル（友情のメダル）

ベルリン五輪の棒高跳びで西田修平が
2大会連続銀メダル

友情のメダル

神宮球場観戦風景

1960
史上初の早慶6連戦

1960（昭和35）	ローマ五輪でメダル複数 六大学野球（秋）で史上初の早慶6連戦
1962（昭和37）	菅平に合宿所・グラウンド新設 ア式蹴球部が高麗大学校（韓国）との定期戦開始
1964（昭和39）	東京五輪で坂井義則が聖火リレーの最終ランナー、上武洋次郎がレスリングで金メダルなど ア式蹴球部が天皇杯優勝
1966（昭和41）	ラグビー蹴球部が日本選手権初優勝
1968（昭和43）	メキシコ五輪で釜本邦茂OBら5人が出場したサッカー日本代表が銅メダル、加藤武司OBが体操団体総合で金・床運動で銅、上武洋次郎OBがレスリングで2大会連続金 全日本大学バスケットボール選手権（男子）初優勝
1970（昭和45）	松浦輝夫が植村直己と共に世界最高峰エベレスト（標高8848m）に日本人初登頂
1971（昭和46）	ラグビー日本選手権で2度目の優勝（翌年連覇）
1972（昭和47）	ミュンヘン五輪でメダル
1977（昭和52）	関東大学ラグビー対抗戦で60連勝 瀬古利彦がストックホルム国際陸上10000m優勝（1980年まで3連覇） 応援部にチアリーダーが加わる
1978（昭和53）	岡田彰布が六大学野球（秋）で三冠王 第1回李相佰杯争奪日韓学生バスケットボール競技大会開催
1981（昭和56）	瀬古利彦OBがボストンマラソン優勝 早大隊がK2（標高8611m）に西稜ルートからの世界初登頂
1982（昭和57）	全早大ラグビーチームが英仏遠征でケンブリッジ大に初勝利
1984（昭和59）	ロサンゼルス五輪でメダル複数
1987（昭和62）	安部球場の最後を飾る全早慶戦実施 人間科学部スポーツ科学科設置
1988（昭和63）	ラグビー日本選手権で16年ぶり優勝 ソウル五輪でメダル複数
1989（平成元）	アーチェリー部・ソフトボール部公認
1990（平成2）	全国大学ラグビーフットボール選手権で当時決勝史上最多得点（45点）で優勝
1991（平成3）	日本拳法部公認
1992（平成4）	アルベールビル五輪のスキー・ノルディック複合団体で荻原健司・河野孝典OBが金メダル バルセロナ五輪でメダル複数
1993（平成5）	箱根駅伝に大会新記録で優勝

六大学野球（秋）
史上初の早慶6連戦に勝利し優勝

ローマ五輪の山中毅（1960）

メキシコ五輪（1968）

ボストンマラソン優勝時の瀬古利彦
（1981）

ロサンゼルス五輪の太田章（1984）

所沢キャンパス全景

	スキーワールドカップのノルディック複合で荻原健司OBが日本人初の総合優勝
1994 (平成6)	リレハンメル五輪のノルディック複合団体で荻原・河野が2大会連続金メダル、河野が個人で銀
1996 (平成8)	アトランタ五輪のサッカー初戦で西野 朗監督 (OB) の日本代表がブラジルを破る (マイアミの奇跡)、野球でメダル
	アトランタパラリンピックの競泳で河合純一が金2つ含む4つのメダル
1998 (平成10)	サッカーワールドカップ (フランス) に日本初出場、岡田武史監督 (OB) と相馬直樹OBが出場
2000 (平成12)	シドニー五輪でメダル
	シドニーパラリンピックの競泳で河合純一OBが金2つ含む5つのメダル
2001 (平成13)	ラクロス部公認
2002 (平成14)	六大学野球で52年ぶり春秋連覇(翌年も春秋連覇し初の4連覇)
2003 (平成15)	スポーツ科学部設置
	体育局が競技スポーツセンターに改組
	全国大学ラグビーフットボール選手権で13年ぶり優勝
2004 (平成16)	フィギュアスケート世界選手権で荒川静香が優勝
	F1アメリカGPで佐藤琢磨 (1995年入学) が3位
	アテネ五輪でメダル
	アテネパラリンピックの競泳で河合純一OBが金含む5つのメダル
	漕艇部が全日本大学選手権で女子総合4連覇
2006 (平成18)	トリノ五輪のフィギュアスケートで荒川静香OGが日本人初の金メダル
2007 (平成19)	関東大学ラグビー対抗戦で2度目の7連覇
2008 (平成20)	早稲田アスリート宣言
	北京五輪でメダル
	北京パラリンピックの競泳で鈴木孝幸が金含む2つのメダル
2009 (平成21)	ボクシング部が創部80周年記念オックスフォード・ケンブリッジ大学合同チームとの対抗試合に勝利
	少林寺拳法部公認
	ワールドベースボールクラシック連覇 (青木宣親OB出場)
2010 (平成22)	サッカーワールドカップ (南アフリカ) に岡田武史OBが日本代表監督 (2度目) で出場
	野球部が50年ぶりの早慶優勝決定戦を制し、42度目の優勝
2011 (平成23)	箱根駅伝で13年ぶりの総合優勝、前年の出雲駅伝・全日本大学駅伝と合わせ大学駅伝三冠達成
2012 (平成24)	ロンドン五輪でメダル複数
	ロンドンパラリンピックでメダル複数

全日本大学野球選手権 33年ぶり優勝
(斉藤佑樹投手、2007)

トリノ五輪の荒川静香 (2006)

サッカーワールドカッ~
の岡田武史監督

2011
大学駅伝3冠

箱根駅伝優勝、出雲駅伝・全日本大学
駅伝と合わせ三冠達成

2014 (平成26)	ソチ五輪のフィギュアスケートで羽生結弦が金メダルなど
	早稲田アスリートプログラム開始
2015 (平成27)	ラグビーワールドカップ (イングランド) で畠山健介と五郎丸歩が出場した日本代表が強豪南アフリカに勝利
	南谷真鈴がマナスル (標高8163m) に女性世界最年少で登頂
2016 (平成28)	リオデジャネイロ五輪でメダル複数
	リオデジャネイロパラリンピックでメダル複数
	河合純一OBが日本人として初のパラリンピック殿堂入り
2017 (平成29)	南谷真鈴が北極点踏破で探検家グランドスラム (七大陸最高峰登頂と北極点・南極点到達) 達成
	佐藤琢磨 (1995年入学) がインディ500で日本人初優勝
2018 (平成30)	平昌五輪のフィギュアスケートで羽生結弦が連覇など
	平昌パラリンピックのスキー5種目で、村岡桃佳が金メダルを含む5個のメダルを獲得
	サッカーワールドカップ (ロシア) に西野 朗OBが日本代表監督で出場
	シカゴマラソンで大迫 傑OBが日本新記録を樹立
	全日本大学対抗テニスで男子団体・女子団体が連覇
	早稲田アリーナ竣工
2019 (令和元)	早稲田スポーツミュージアム開館
2020 (令和2)	全国大学ラグビーフットボール選手権で11年ぶり16回目の優勝
	フィギュアスケートの羽生結弦が四大陸選手権で優勝、男子初のスーパースラムを達成
	東京六大学野球秋季リーグ戦で10シーズンぶりに優勝
	東京マラソンで大迫 傑OBが日本新記録を再び樹立
	佐藤琢磨 (1995年入学) がインディ500で2度目の優勝
2021 (令和3)	東京五輪のレスリングで須﨑優衣が金メダル、フェンシングで加納虹輝OBが金メダルなど
	東京パラリンピックの競泳で鈴木孝幸OBが金含む5つのメダル
	「早稲田スポーツBEYOND125プロジェクト」発表 (体育各部共通ロゴ制定)
	バレーボール部男子が全日本大学選手権で5連覇
2022 (令和4)	北京五輪のスキーで渡部暁斗OBが3大会連続のメダル、団体は「オール早稲田」で日本28年ぶりのメダル
	北京パラリンピックのスキーで村岡桃佳OGが金メダルを含む4個のメダルを獲得
	庭球部男子が全日本大学対抗王座決定試合で17連覇

2015
ラグビーワールドカップ

五郎丸歩選手

2018
平昌オリンピック・パラリンピック

平昌オリンピックの羽生結弦

平昌オリンピックの渡部暁斗

全国大学ラグビーフットボール選手権で11年ぶり16回目の優勝 (2020)

東京五輪の須﨑優衣

北京五輪の村岡桃佳

オリンピックメダリスト

夏季

大会名・開催年	氏名	区分	金メダル	銀メダル	銅メダル
アムステルダム 1928 (第9回)	織田 幹雄	学生	陸上 三段跳		
	高石 勝男	学生		水泳 4×200m自由形リレー	水泳 100m自由形
	新井 信男	学生		水泳 4×200m自由形リレー	
	米山 弘	学生		水泳 4×200m自由形リレー	
ロサンゼルス 1932 (第10回)	南部 忠平	校友	陸上 三段跳		陸上 走幅跳
	西田 修平	学生		陸上 棒高跳	
	横山 隆志	学生	水泳 4×200m自由形リレー		
	入江 稔夫	学生		水泳 100m背泳	
	小西 健一	学生		ホッケー	
	今 治彦	学生		ホッケー	
	左右田秋雄	学生		ホッケー	
	猪原 淳三	校友		ホッケー	
ベルリン 1936 (第11回)	西田 修平	校友		陸上 棒高跳	
	牧野 正蔵	学生			水泳 400m自由形
	杉浦 重雄	学生	水泳 4×200m自由形リレー		
ローマ 1960 (第17回)	山中 毅	学生		水泳 400m自由形	
				水泳 4×200m自由形リレー	
	大崎 剛彦	学生		水泳 200m平泳ぎ	水泳 4×200mメドレーリレー
東京 1964 (第18回)	岩崎 邦宏	学生			水泳 4×200m自由形リレー
	岡部 幸明	校友			水泳 4×200m自由形リレー
	上武洋次郎	学生	レスリング フリースタイル・バンタム級		
メキシコシティ 1968 (第19回)	加藤 武司	校友	体操 団体総合		体操 ゆか運動
	上武洋次郎	校友	レスリング フリースタイル・バンタム級		
	森 孝慈	校友			サッカー
	宮本 征勝	校友			サッカー
	八重樫茂生	校友			サッカー
	松本 育夫	校友			サッカー
	釜本 邦茂	校友			サッカー
ミュンヘン 1972 (第20回)	石井 千秋 (ブラジル代表)	校友			柔道 95kgまで
ロサンゼルス 1984 (第23回)	太田 章	校友		レスリング フリースタイル・ライトヘビー級	
	福本 勝幸	校友	野球(一塁手)公開競技		
ソウル 1988 (第24回)	太田 章	校友		レスリング フリースタイル・ライトヘビー級	
	應武 篤良	校友		野球 (捕手)	
バルセロナ 1992 (第25回)	堀江 陽子 (アメリカ代表)	校友			バレーボール
	小島 啓民	校友			野球 (内野手)
アトランタ 1996 (第26回)	三澤 興一	学生		野球 (投手)	
シドニー 2000 (第27回)	岡本 依子	校友			テコンドー
アテネ 2004 (第28回)	和田 毅	校友			野球 (投手)

大会名・開催年	氏名		金メダル	銀メダル	銅メダル
北京 2008（第29回）	藤井 拓郎	校友			競泳・400mメドレーリレー
ロンドン 2012（第30回）	藤井 拓郎	校友		競泳・400mメドレーリレー	
	星 奈津美	学生			競泳・200mバタフライ
リオ 2016（第31回）	坂井 聖人	学生		競泳・200mバタフライ	
	瀬戸 大也	学生			競泳・400m個人メドレー
	星 奈津美	校友			競泳・200mバタフライ
東京 2021（第32回）	須﨑 優衣	学生	レスリング女子50キロ級		
	加納 虹輝	校友	フェンシング男子エペ団体		
	本橋 菜子	校友		バスケットボール女子	
	延べ人数	合計	10	20	21

※大学入学以降の記録のみ記載しています。（競技スポーツセンター調べ）

冬季

大会名・開催年	氏名		金メダル	銀メダル	銅メダル
アルベールビル 1992（第16回）	荻原 健司	学生	スキー ノルディック複合団体		
	河野 孝典	校友	スキー ノルディック複合団体		
リレハンメル 1994（第17回）	荻原 健司	校友	スキー ノルディック複合団体		
	河野 孝典	校友	スキー ノルディック複合団体	スキー ノルディック複合個人	
トリノ 2006（第20回）	荒川 静香	校友	フィギュアスケート（女子シングル）		
ソチ 2014（第22回）	羽生 結弦	学生	フィギュアスケート（男子シングル）		
	渡部 暁斗	校友		スキー ノルディック複合個人NH	
平昌 2018（第23回）	羽生 結弦	学生	フィギュアスケート（男子シングル）		
	渡部 暁斗	校友		スキー ノルディック複合個人NH	
北京 2022（第23回）	渡部 暁斗	校友			個人ラージヒル/10km
					団体ラージヒル/4×5km
	山本 涼太	校友			団体ラージヒル/4×5km
	渡部 善斗	校友			団体ラージヒル/4×5km
	永井 秀昭	校友			団体ラージヒル/4×5km
	延べ人数	合計	7	3	5

女子50kg級で優勝し、笑顔で日の丸を掲げる須﨑優衣

ノルディックスキーの複合男子団体で銅メダルを獲得し、日の丸を掲げて喜ぶ（左から）渡部善斗選手、永井選手、渡部暁斗選手、山本選手

パラリンピックメダリスト

夏季 （アトランタ大会以降）

大会名・開催年	氏名		金メダル	銀メダル	銅メダル
アトランタ 1996	河合 純一	学生	50m自由形（B1） 100m自由形（B1）	100m背泳ぎ（B1）	200m個人メドレー（B1）
シドニー 2000	河合 純一	校友	50m自由形（S11） 400mメドレーリレー（S11-13）	100m自由形（S11） 100m背泳ぎ（S11） 200m個人メドレー（SM11）	
アテネ 2004	河合 純一	学生	50m自由形（S11）	100m自由形（S11） 100mバタフライ（S11）	100m背泳ぎ（S11） 400mフリーリレー
北京 2008	鈴木 孝幸 河合 純一	学生 校友	50m平泳ぎ	50m自由形	150m個人メドレー 100mバタフライ
ロンドン 2012	鈴木 孝幸	校友			50m平泳ぎ 150m個人メドレー
リオ 2016	芦田 創 多川 知希	学生 校友			4×100mリレー（T47） 4×100mリレー（T47）
東京 2021	鈴木 孝幸	校友	100m自由形（S4）	200m自由形（S4） 50m自由形（S4）	50m平泳ぎ（SB3） 150m個人メドレー（SM4）
	延べ人数	合計	7	9	11

※一部大学入学以降の記録のみ記載しています。（競技スポーツセンター調べ）

冬季

大会名・開催年	氏名		金メダル	銀メダル	銅メダル
平昌 2018（第23回）	村岡 桃佳	学生	アルペンスキー女子大回転座位	アルペンスキー女子滑降座位 アルペンスキー女子回転座位	アルペンスキー女子スーパー大回転 アルペンスキー女子スーパー複合座位
北京 2022（第24回）	村岡 桃佳	学生	アルペンスキー女子大回転座位 アルペンスキー女子滑降座位 アルペンスキー女子スーパー大回転	アルペンスキー女子スーパー複合座位	
	延べ人数	合計	4	3	2

※一部大学入学以降の記録のみ記載しています。（競技スポーツセンター調べ）

男子100m自由形（運動機能障害S4）決勝
ガッツポーズする鈴木孝幸。

河合純一
シドニー・パラリンピック
金メダルの瞬間

女子滑降座位で滑降する村岡選手。
金メダルを獲得した

Column05

「一球入魂」

小宮山 悟

1986年、早稲田大学野球部に入部。4年次に、第79代主将に任命され、時の監督である石井連藏さんに、様々な事を学び、プロ野球ドラフト会議でロッテオリオンズ（現在の千葉ロッテマリーンズ）に1位指名され入団。20年に渡る現役生活を終え、解説者として活動していた時、野球部監督を拝命、今日に至ります。

2018年の夏、野球部監督就任の打診の際、「歴史と伝統のある早稲田大学野球部を本来の姿に建て直す様」、稲門倶楽部（野球部OB会組織）から厳命。何をもって、本来の姿なのか…。答えは、早稲田大学の学生として、4年間、文武両道を念頭に、日々、全力で活動せよという事に尽きると、その一点を学生に訴え、監督として学生を指導し5年目を迎えます。

部員たちには、「学生でいる時よりも、卒業して世の中に出てから、早稲田大学の凄さを痛感する筈である」と伝えていますが、在学中は、なかなか理解できるものではありません。が、しかし、野球部に限らず、多くの、嫌、全ての体育各部のOB/OGの活躍ぶりを見れば、早稲田大学の立ち位置が見て取れると思います。

現役の学生諸君は、何の為に、早稲田大学を目指したのですか？何の為に、運動部に所属しているのですか？

─OBとして、声を大にして伝えたい事は、諸君の在籍している早稲田大学というのは、そのへんの大学とは違う、日本一の大学なんだという事です。

歴史と伝統のある早稲田大学で、スポーツをするという事は、まさに、選ばれし者達の集いし場所、他所では味わう事の出来ない、貴重な経験、体験を積める場所である事を理解して欲しいです。

1901年創部の野球部には、初代部長である、『日本野球の父』と謳われる、安部磯雄先生の「知識は学問から、人格はスポーツから。」という教えに、初代監督である、『学生野球の父』と謳われる、飛田穂洲先生の「一球入魂」という教え、この2つの思想があります。我々、野球部は、リーグ戦に勝つ事も大事ですが、それ以上に、「この一球に全ての想い、魂を込めて」という「一球入魂」の精神で、日々、鍛錬を積んでいます。

そんな野球部で、1942年から、23年間、野球部長を務められた、外岡茂十郎先生のお言葉が、学生達に尤も理解してもらいたいものとして、指導の際の心の拠り所としているものがあります。是非、体育各部の皆さんにも紹介したいです。60年以上前の言葉ですが、早稲田でスポーツをする者が、心に刻むべきものであると、そう願いたいです。

「歴史的にみて早稲田は学生野球のリーダーだ。安部、飛田両氏の築いた伝統は他校

にはみられないものがある。安部先生は合宿の便所掃除までして選手の教育にあたった人だ。

そうしたことが早稲田大学野球部特有の雰囲気を作ってきたと思う。

普通の学生に許されることが選手であるために許されない。

それを光栄と思わなければいけない。

しかも早稲田には数多くのファンがついている。

だから、早稲田魂を失うことなく心技両面に立派な人間になってアマチュア野球の先駆者の意識を失わないでやってもらいたい。」

早稲田でスポーツをする事、体育各部の部員諸君、今一度、各々が考えてみて欲しい。

人生の中で、この4年間が、どれほど、尊いものなのかを…。

飛田 穂洲 (とびた・すいしゅう) 氏
1886–1965、「学生野球の父」といわれる、早稲田大学野球部初代監督、野球評論家

小宮山 悟（こみやま さとる）

PROFILE

早稲田大学野球部第20代監督　芝浦工業大学柏高等学校出身
1990年に早稲田大学を卒業、ドラフト1位でロッテオリオンズ（現千葉ロッテマリーンズ）へ入団。
2000年から2年間横浜ベイスターズ（現横浜DeNAベイスターズ）でプレーし、2002年にニューヨークメッツへ移籍。
2004年には千葉ロッテマリーンズに復帰し、2009年に現役引退。
その後プロ野球解説者として活動し、2019年1月より、早稲田大学野球部第20代監督に就任。

WASEDA ATHLETE PROGRAM 2
Section 2

早稲田大学体育各部の存在意義と部員に期待すること

1 体育各部の組織・支援の体制

体育各部と競技スポーツセンター

東京専門学校創設後、組織の変遷を経て、1952年4月、大学の体育行政を一元化し、充実・発展を図るため、課外体育の体育会と正課体育の体育部を統合した「体育局」が創設されました。その後、2003年4月に体育局を発展的に改組し、「競技スポーツセンター」が設置されました。競技スポーツセンターは、体育各部を統括するとともに、学内外の諸機関と連携を図り、体育各部の活動を支援すること、大学のスポーツ振興に寄与することを目的として活動を行っています。

早稲田大学

競技スポーツセンター

1 野球部	2 庭球部	3 漕艇部	4 剣道部	5 柔道部	6 弓道部	7 水泳部	8 競走部	9 相撲部	10 ラグビー蹴球部	11 山岳部	12 スキー部	13 スケート部	14 バスケットボール部	15 ア式蹴球部	16 馬術部	17 卓球部	18 ボクシング部	19 体操部	20 空手部	21 バレーボール部	22 レスリング部
23 自動車部	24 米式蹴球部	25 ヨット部	26 ハンドボール部	27 ホッケー部	28 フェンシング部	29 応援部	30 軟式庭球部	31 準硬式野球部	32 自転車部	33 バドミントン部	34 航空部	35 ワンダーフォーゲル部	36 ゴルフ部	37 ウエイトリフティング部	38 射撃部	39 合気道部	40 アーチェリー部	41 ソフトボール部	42 日本拳法部	43 ラクロス部	44 少林寺拳法部

体育各部の組織体制

体育各部は、早稲田大学教授である部長のもと、監督（部門別監督を含む）、コーチ、スタッフ、部員によって成り立っています。

体育各部部員の構成

2022年度時点の部員総数は、約2500名（男性66%・女性34%）に上ります。

部員は、主将、副将、主務（マネージャー）、副務、選手、トレーナー、アナリスト、学連、広報等の役割を持ちます。このうち、主将、主務は代表委員と呼ばれ、体育各部代表委員会で交付されるバッジを着用し、大学と各部をつなぐ責任者として活躍します。

また、新人パレードや謝恩会等の行事運営、卒業アルバムの発行、地域・社会貢献活動の推進を担う体育各部実行委員会のメンバーとして活動する部員もいます。

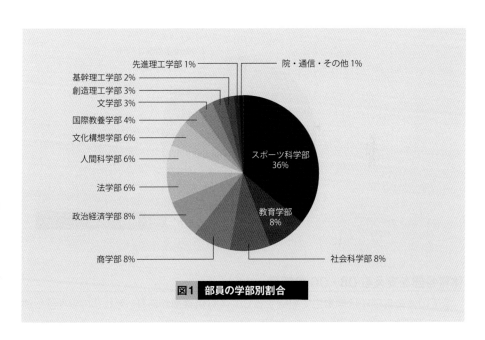

先進理工学部 1%　院・通信・その他 1%
基幹理工学部 2%
創造工学部 3%
文学部 3%
国際教養学部 4%
文化構想学部 6%
人間科学部 6%
法学部 6%
政治経済学部 8%
商学部 8%
スポーツ科学部 36%
教育学部 8%
社会科学部 8%

図1　部員の学部別割合

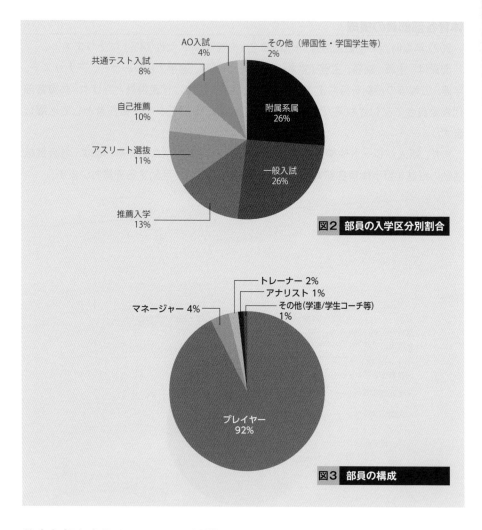

AO入試 4%　その他（帰国性・学国学生等）2%
共通テスト入試 8%
自己推薦 10%
アスリート選抜 11%
推薦入学 13%
附属系属 26%
一般入試 26%

図2 部員の入学区分別割合

トレーナー 2%
アナリスト 1%
その他（学連/学生コーチ等）1%
マネージャー 4%
プレイヤー 92%

図3 部員の構成

体育各部を支える OB・OG の組織

　全ての体育各部には卒業生で組織するOB・OG倶楽部があり、それらの倶楽部が連合して「稲門体育会」を形成しています。（P.67コラム参照）

　体育各部は、OB・OGから資金的な援助のみならず有形無形の様々なサポートを受けています。なかでも、監督・コーチの多くは、社会人として本業や家庭を持ちながら、ボランティアで部の指導に時間を割いてくださっています。

体育各部の活動の拠点となる施設

各部の活動の拠点となる体育施設が複数のキャンパスに置かれています。(**図4**参照)

東伏見キャンパス
●安部球場、軟式野球場、
アメリカンフットボール場、
サッカー場、ホッケー場、
硬式テニス場、馬場、
スポーツホール、
トレーニングルーム場

安部球場

テニスコート

スポーツホール

早稲田キャンパス
●17号館体育館等

剣道場

埼 玉 県

所沢キャンパス
●陸上競技場、アクアアリーナ、
多目的グラウンド、軟式テニス場、
スポーツホール、トレーニングルーム等

陸上競技場

東 京 都

喜久井町キャンパス
●多目的グラウンド

上井草グラウンド
●ラグビー場、体育館

ラグビー場

戸山キャンパス
●早稲田アリーナ

●早稲田スポーツミュージアム

●第二体育館

●高石記念プール

図4 拠点となる施設

51

体育各部の活動を支える資金

　体育各部の活動は、部員が負担する部費以外に、大学からの補助金やOB・OG会からの寄付金等、年間4億円を超える資金によって支えられています。

体育各部部員としての心構え

　競技活動は自分一人の力でできるわけではありません。部の指導者やチームメイトによるサポートはもちろんですが、OB・OGや大学等が体育各部に対して様々な支援を続けているからこそ、体育各部部員は恵まれた環境で競技に専念することができるのです。

　体育各部部員は、現在の自分たちの立場や環境を当然だと捉えるのではなく、周囲への感謝の気持ちを忘れずに競技活動に励まなければなりません。

（早稲田大学競技スポーツセンター）

体育各部新人パレード

2 | 体育各部部員に期待すること
－ 文武両道 －

早稲田大学における体育各部の存在意義

　早稲田大学は2032年の創立150周年に向け、「世界に貢献する高い志を持った学生」を育て、「グローバルリーダーとして社会を支える卒業生」を送り出すビジョンを掲げました。早稲田大学の学生であるみなさんには、早稲田大学在学中に人間力・洞察力を備えたグローバルリーダーとして必要な能力を身に付け、卒業後に様々な分野でリーダーとして活躍し、社会に貢献することが期待されています。

　そうしたビジョンを持つ早稲田大学に、なぜ体育各部が存在しているのかを深く考えてください。そもそも学生が自主的に行う課外活動のスポーツを、なぜ早稲田大学が強く支援するのでしょうか。体育各部がなぜ、大学や学内外の多くの方々からの手厚い支援を受ける組織であることができるのでしょうか。

　それは、体育各部が様々な分野のリーダー輩出を目指す早稲田大学を代表するにふさわしい組織であると、大学が認識しているからにほかなりません。早稲田大学を代表するにふさわしい組織として、体育各部には大きく次の2点が求められるでしょう。

- スポーツ分野でのリーダーであるためには、高い競技力を持つことが求められますから、全国規模の競技会で優秀な成績を収めることができる高い競技力を有する組織であること。
- リーダーに必要な人間力を磨くにあたって、「スポーツには人間形成の力がある」と大学、そして社会が認識しているからこそ教育機関である大学に体育各部が存在するのですから、リーダーとしてふさわしい人間となるための教育がなされる組織であること。

　上記のほかにも、学内外の関係者の一体感を醸成することができる、大学の知名度や地位を高めることができる、といった期待が体育各部には寄せられています。これらすべてがすなわち、早稲田大学における体育各部の存在意義と言えるでしょう。

体育各部の部員に期待されること

　上記のような存在意義をもつ体育各部の部員として、すべての部員には、「早稲田大学を代表する組織の一員である」という自覚をもつことが求められます。

　競技スポーツに取り組む体育各部の部員である以上、競技上の「勝利」を追求することは絶対に必要です。しかし、日本一になる、世界一になる、といった競技上の「勝利」だけではなく、あらゆる面で今の自分より優れた自分になるということも、「勝利」と言えるでしょう。そのためには高い目標をもち、それに見合った努力をしなければなりません。早稲田大学を代表する、とは、常に現状に甘んずることなく、組織全体が、そして部員一人ひとりが様々な意味での「勝利」を目指してゆくことを意味しています。

　一時的な競技上の「勝利」のみを追求するあまり、早稲田大学学生の本分を見失うことがあってはなりません。学生の本分を全うしたうえで、あらゆる面で「勝利」を追い求める努力を続けなければならないことは言うまでもありません。そうした日々のたゆまぬ努力の過程を通して、人間的に成長することができるのです。

　早稲田大学を代表する組織である体育各部の部員としてどうあるべきか、早稲田大学の学生としてどうあるべきか、社会の一員としてどうあるべきか、将来リーダーとなる人間として今どうあるべきかをしっかり考えてください。これらを考えれば、日ごろの授業や部活動、日常生活における態度や立ち振る舞いも自ずとどうあるべきかわかるでしょう。我々体育各部の関係者には、我々に対する多くの方々からの期待に応える義務と責任があることを常に心に留めていてください。

（土屋　純）

大学創立記念日を祝う「早稲田スポーツアニバーサリーステージ」での集合写真

3 | 体育各部の部長のしごと

　体育各部の活動は、多くの大人たちに支えられています。皆さんの最も近くにいる大人は監督とコーチでしょう。ほかにも、保護者の皆様はもちろん、ＯＢやＯＧにもさまざまな形で支えられていますし、寮の管理人さんや、近隣の飲食店の方々などにもお世話になる機会があるでしょう。「部長」も、そんな皆さんを取り巻く多くの大人たちの一人ですが、どのような役割をしているのか、意外に知らない人も多いかもしれません。競技の指導はしませんし、見た感じ元選手でもなさそうです。ときどき試合を観にきたり、会合で挨拶をしたり、ハンコを押してくれるけれど、それ以外にはあまり会わない人。部長はどのような仕事をしているのでしょうか。

　体育各部には、「本大学教授のうちから……大学がこれを嘱任」した「１人の部長」がかならず置かれており、「当該部の運営を統括し、所属の部員を監督・指導する」（「早稲田大学競技スポーツセンター規則」第27〜30条：以下「規則」）と定められています。部長は、「部の運営を統括」する最高責任者です。

　皆さんを日々指導してくださる監督やコーチは、多くの部でＯＢＯＧの方でしょう。各部には、競技について高度な専門的指導をしてくださる大人が必要です。監督とコーチは、「部員の技術指導および心身の鍛錬に当たるとともに、部員の安全管理および健康管理に必要な措置を講ずる」（「規則」第32条）と定められていますが、ほとんどの場合、大学はこれを学外の方に委託しています。早稲田大学では、「監督およびコーチは、当該部長の推薦により大学が嘱任する」（「規則」第32条）と決まっており、監督やコーチを最終決定するのは部長の仕事です。主将と主務（学生代表委員）も部長が任命する決まりとなっており、また、「学生代表委員は、部長の指導により、部務を処理する」と定められています。（「規則」第33条）

　「部務の処理」＝部の運営においては、実質的には学生自身や、ＯＢＯＧの先輩方に多くを負っている部が少なくないと思います。試合や練習の運営だけでなく、会場の確保、連盟とのやり取り、大会の視察、会計管理や、就職活動においてさえ、じっさいにはＯＢＯＧからサポートを受けている場合も多いでしょう。早稲田大学は自治を重んじる立場から、部長はなるべく部の活動現場に直接介入することは控え、運営の大きな部分を皆さんに任せています。部長は教授として、本業の研究と教育だけでなく学術院や大学の運営に携わったり、学内外のさまざまな委員会や団体の構成員であっ

たりして、多くの場合たいへん多忙です。このため、部長としての仕事の一部を、学生やＯＢＯＧにお願いしている面があります。結果として、なかなか皆さんの前に姿を現す機会が少ないことになりますが、常に主務をはじめ学生スタッフやＯＢＯＧと協力・連携しながら、部の運営全体を統括しています。

　皆さんが直接目にすることのあまりない仕事もあります。部員諸君の競技成績・学業成績を把握し、表彰されるよう推薦する。奨学金給付の申請をする。必要に応じて各種推薦状を書く。ケガや事故の際に保険会社とやり取りをする。問題が起きたときに部を代表して外部と折衝したり、場合によっては謝罪したりする。学業成績が振るわない学生に注意・指導する。外部との契約や交渉の主体となり、意思決定する。慶應はじめ他大学の部長と交流・意見交換する。ほかにもさまざまな仕事があります。

　また、部長は部に対しては大学の意向を伝え、大学に対しては部の立場を説明して、大学と部とのあいだに立ちます。早稲田大学体育各部は、２ケ月に１度開かれる競技スポーツセンター管理委員会・部長会を最高意思決定機関としていますが、部長はその委員でもあります。

　このように、部長は部の最高責任者であり、部のあらゆる活動に最終的な責任を持つ、いわばゼネラル・マネージャー（ＧＭ）なのです。ほとんどの部長はスポーツの専門家ではありませんが、現場指導者でも、ＯＢＯＧ会役員でもない人が、学識と教育的見識をもって部を統括するところに、早稲田の部長制度の根幹があります。大学を代表して教授がその任を負っているゆえんです。

　しかし、いっぽうで部長はひとりの教員として、皆さんが試合に勝てば大喜びし、敗北の悔しさを皆さんと共にし、表彰されれば誇りに思い、ケガをしたと聞いては心配しています。もっともっと強く、賢く、美しくなれ。スポーツをとおして皆さんの生活が充実し、またスポーツをとおして社会に貢献できる人間になれ。そのために部長は、力の及ぶかぎり皆さんを応援しています。規約等のどこにも書いてありませんが、これが本当の部長の仕事かもしれません。

（本章は、岩井方男前競技スポーツセンター所長の文章を土台に、石井が加筆修正したものです。）

（石井　昌幸）

4 | スポーツと社会貢献・地域交流

早稲田アスリートプログラムにおける社会貢献や地域交流

　創立125周年を迎えた2007年、建学の第二世紀を迎えるに当たって、早稲田アスリート宣言が定められました。これは六項目で構成されていますが、その冒頭に次の一節があります。

『私たちは、スポーツの本質を理解し、競技力の向上を図るとともに、人格の陶冶に努めます。』

　体育各部は競技会等で戦うアスリート等で構成されますので競技力向上をめざすことは大切な目標ですが、もちろんそれだけでは不十分であり、今後の人生を見据えれば人格の陶冶に努める事も、同様にあるいはそれ以上に重要なことだと言えるでしょう。

　早稲田アスリートプラグラムは2014年度から始まりましたが、その前年度から競技スポーツセンターでは、すべての体育各部の部員を対象とした総合的な教育プログラムの構築を目指して検討に着手しました。早稲田大学のアスリート諸君に求められる像として、ありきたりの言い方にはなりますが、文武両道の実現があげられました。ここで言う『文』とは、大学生の本分である学業の取り組みを指しますが、それだけに留まらずさらに冒頭のアスリート宣言に謳われている人格の陶冶を指すとも言えます。

　では一体何をどのようにすれば人格の陶冶につながるのでしょうか。残念ながらこの目標を実現できる、いわゆる模範解答のような方法があるわけでは無いと言わざるを得ません。つまり必ず到達できるという教科書的なやり方やガイドがあるわけでは無いのです。

　ただし、様々な実体験を積み重ねることが自分なりに何かを考えるきっかけとなり、その先に結果的に人間としての成長が達成されるということは良くあることです。競技力向上を目指して部内のチームメートたちと日々練習を積み重ねることはもちろん大切です。ただそのような限定的な範囲を超えた環境に身を置いて様々な経験を積むことによって、人格面においても成長していけることが期待できます。そこで、部さらには早稲田大学の枠組みに留まらず、それを超えて様々な体験や実践を積んでもらいたいというのが、社会貢献や地域交流を早稲田アスリートプログラムに位置づけ、強く参加を呼びかけている理由です。

人格の陶冶の実現を目指す際には、もちろんこれだけで達成できるとは限りませんが、遠回りのようで実は着実で堅実な一つの方法だと言えます。その過程は決して一本のまっすぐな道ではなく、分岐点や脇道もあって迷ったり悩んだりすることもあるでしょうが、それ自体もまたこの目的の達成につながっていると言えます。

具体的な社会貢献や地域交流

　早稲田アスリートプログラムにおける具体的な社会貢献や地域交流の活動としては、東日本大震災復興支援活動として福島県・宮城県・岩手県を中心にしたスポーツ交流がまずあげられます。それ以外にも地域活性化の活動や、視覚障がい者の伴走ガイドや電動車椅子サッカー団体等との連携による障がい者スポーツ支援活動、東京都盲人福祉協会や日本点字図書館等の新宿区に拠点がある障がい者に関連した団体での支援活動、さらに西東京市や所沢市等の各地域における各種スポーツ交流等々、多種多様な活動があげられます。

　これらは一例であり、最新の活動状況や詳細については、実施期間や内容、規模も含めて、その都度、競技スポーツセンターから直接あるいは各部を通じて情報を得る事ができます。

ラクロス体験

アーチェリー体験

ラグビー体験

伴走支援

　写真は活動の様子の一例で、視覚に障がいがある人への伴走支援の様子や、東伏見（西東京市）で毎年開催されている早稲田スポーツフェスタ in 東伏見でのラクロスやアーチェリー、ラグビーの体験プログラムの様子です。競技スポーツセンターの web サイトには早稲田アスリートプログラムの様々な活動の様子が紹介されています。

とにかくまず始めてみよう

　まとめとして、本稿で体育各部の部員の皆さんに伝えたかったことを改めて以下に記します。

　まず一歩踏み出して、始めてみましょう。きっかけとしては自発的に希望して飛び込んでみるのが望ましいですが、所属する部からの案内で何となく始めてみるのでも構わないでしょう。次に、始めてみることになったら、取り組む姿勢は2種類です。仕方ないなあと渋々おつきあいでやる姿勢と、逆に積極的に面白がってやる姿勢です。一旦やると決めたのであれば、もちろん後者の姿勢で臨みましょう。面白がれるように自分を仕向けてみてください。そうするとますます本当に面白くなってくるものです。楽しんで向き合えるようになってきたら、結果的にはその経験の価値は何倍にもなって自分の財産になることでしょう。社会貢献や地域交流といった取り組みでは、いろいろな出会いが得られます。まず経験してみましょう。そして今まで自分が知らなかったことに出会い、そこに関わるいろんな人に出会うことが重要です。そういう経験を通して、様々なことに触れ、何かに気づき、何かを考えてもらいたいと願っています。自分自身のことから、広く社会に関わることまで、これらの活動を通じて得られることがきっとたくさんあるはずです。それが人格の陶冶の実現につながる道です。

　一点その際に覚えていてもらいたいことは、そのような環境は容易に準備できる訳では無いということです。早稲田アスリートプログラムでは、上述のとおり多岐にわたる社会貢献や地域交流の場が提供されています。連携していただいている多種多様な活動の場がこうして今あるのは、最初に強い思いを持ってこのプログラムのために個々の組織との関係を構築した大学関係者の尽力がまずあり、その関係を大切に継続してきた先輩部員達の活動があったからです。この当たり前のことにも思いを馳せて、是非皆さんも一歩踏み出してもらって積極的にこの場を活用してもらいたいと強く希望します。

　皆さんの活躍を大いに期待しています。

（藤本　浩志）

5 | 早稲田でスポーツをするということ

　私が相撲部の監督になって昨年で10年目を迎えました。その間、様々な学生と出逢い、早稲田大学で体育各部に属するという意味を常に考えてきました。

　そもそも大学で体育各部に所属する意義とはどんなことが考えられるでしょうか？競技力をさらに高め日本一や世界を目指す等、様々な夢や希望、或いは思惑があって所属していると思います。その際に所属する意義を深く考えたことがあるでしょうか？私が考える意義とは、二つあります。一つ目は「社会へ出るまでの大切な4年間を体育各部へ所属することで更に充実させる」ことだと考えています。では、どうすれば更に充実させることが出来るのか。私が監督している相撲部では、まず体育各部に所属している云々ではなく、早稲田の学生としてあるべき姿を理解してもらっています。学生としての姿とは、学業への取組み、日常生活における過ごし方、身だしなみや挨拶など当たり前のことを当たり前に行うことです。皆さんは、中学高校を通じ、部活動の中で競技と向き合い、限られた時間の中で学業にも取り組み、早稲田大学への入学を勝ち取った学生だと思います。今現在の姿を想像していたでしょうか。早稲田大学へ入学することで家族をはじめ、学校や後輩からもあこがれの存在になっているのではないかと思います。そう、皆さんは選ばれた人達なのです。早稲田大学の看板を、そして体育各部の看板を背負っているのです。早稲田大学は世間からの注目度が違います。体育各部は特に集団行動での姿や体格、ユニフォーム等で目立つ存在です。良いことも悪いことも注目されます。良い話題で注目されるのは良いですが、悪いことになるととことん追い詰められるのではないでしょうか。良く見られて当然であり、まさか早稲田の学生は不要なことはしないだろうと世間は見ているのです。それだけ世間に対して影響力があるのです。今の時代、SNSが急速に発展し、どこからでも情報が見られてしまいます。こんなことばかり言っていると息苦しく感じる人もいるかもしれませんが、それを逆手にとって考えてみてください。人から常に見られていると考えればプレッシャーも感じますが、逆に自分自身を見てくれていると思った時にそれをプラスの発想に変えてみたらどうでしょう？見られているからこそ良く見られたい！見られているからこそ期待に応えたい！褒められて嫌がる人はまずいないと思います。他人が喜ぶ姿を見て嬉しいと思うことも沢山あると思います。そう、それが早稲田大学の学生なのです。しかも体育各部に所属しているというだけ

で、応援してくれる人が大勢います。それを実感したのが、相撲部で独自に行っている「相撲部サポーターズ倶楽部」の発足です。現在会員は約130名。このサポーターズ倶楽部の方々は、早稲田大学のOBOGをはじめ、それ以外の全く早稲田に関わりのない方々も相撲部のサポーターズです。年会費を毎年支払っていただき、試合への案内や稽古見学会、ちゃんこ会などを通じて交流を深めています。部員は、稽古への取り組み方、試合への挑み方、皆さんとの交流など、常に見られていることを意識することで、全く相撲部に縁がなく関係のない人たちが支援、応援してくれていることに感謝し、有難みを感じているのです。また、地域の方々が応援してくれているのを実感したこともあるとおもいます。全国から支援や声援を受けたこともあるでしょう。これこそが早稲田大学体育各部の存在意義、これこそが早稲田の力なのです。早稲田でしか味わう事が出来ない経験だと思います。学業との両立は並大抵のことではありません。しかし、それを実践し、結果を残すことがどれだけ周りに影響を与えるか。誰しもが憧れ、皆さんを羨望の眼差しで見てくれているのです。それを忘れないで下さい。そして「早稲田プライド」こそが体育各部に所属しているもう一つの意義だと考えています。持ちたくても持てない、君たちにしか持てないのが「早稲田プライド」です。競技に打ち込んでいるときはもちろんの事、日常においても「早稲田プライド」を忘れないでください。 早稲田プライドを常に持ち続け、充実した4年間を過ごし、社会に羽ばたくことを切に願っています。

　君たちなら出来る、そう信じています。

（室伏　渉）

6 | WAP ボランティア活動の取り組み

伴走ボランティア

（ボランティア・社会貢献活動は新型コロナウイルス感染症の影響で2020年4月〜2023年3月まで活動を控えていました。）

毎週日曜日の午前中、原宿駅近くの代々木公園では、障がい者ランナー（主に視覚障がい）と伴走者との練習会が開催されています。毎回、障がい者ランナーと伴走ボランティアをあわせ70名〜80名が集まり、約50センチメートルのロープでランナーとボランティアの伴走者を繋ぎ、会話を楽しみながら1周1.8kmの周回コースを5〜6周、ゆっくり走る活動です。

早稲田大学競技スポーツセンターでも、早稲田アスリートプログラム（WAP）のボランティア・地域貢献活動プログラムの一環として2014年12月より「伴走ボランティア」に参加し、現在（2019年3月）までに37の体育各部、延べ1230名の学生たちが参加しています。普段の生活で、障がいのある方々と接する機会のない学生にとって、わずか1回の参加で伴走者の役割である「障がい者ランナーの安全確保と状況説明」「理想的なフォームで走ってもらえるような伴走」を果たすことは容易ではありません。しかし、その一方で伴走しながらの様々な会話を通じ、コミュニケーションを図ることが出来ます。たとえば音楽、好きな食べ物、スポーツ選手の話など、視覚障がいのある方はラジオやインターネット（音声変換）等を通じて健常者がびっくりするほどの情報を持っていることや、フルマラソンを何度も完走した全盲ランナーもたくさんいることを知ります。ハンディキャップを言い訳にせず、日々、努力しておられる姿を通じ、「障がいのある方と健常者との間に壁を作っていたのは自分自身だった」とコメントする学生も毎回、現れています。

東北復興支援

早稲田大学競技スポーツセンターでは2011年3月11日の東日本大震災以降、早稲田大学平山郁夫記念ボランティアセンターと連携して2011年〜2019年3月末までの間に体育各部から延べ2390名の学生ボランティアを東北3県に送り出しました。

各地に未曽有の被害をもたらした悲しい
出来事でしたが、被災地の指導者や子ども
たちとの出会いと心温まるスポーツ交流
を通じ、学生たちにとっても震災が他人事
ではなく自分たちの問題として向き合え
るようになってきています。

　柔道部は、2011年7月に岩手県立宮古
高校から「震災の影響で練習が出来ず、ぜひともインターハイに出場する選手の練習
相手として男女数名の選手を送ってほしい」との要請を受けました。8月のオフ期間
にはOBと現役部員15名が合同で、岩手県立高田高校、大船渡市立大船渡中学校、大
船渡市立第一中学校の使用不能となっていた体育館に柔道部が長年使っていた224枚
の畳をトラックで運搬しました。到着後、OB、学生と現地の生徒で道場に畳を設置し、
合同稽古を行いました。柔道部では、同校柔道部での合同稽古を通じたボランティア
活動を毎年行っています。

　また、2012年から毎年、気仙沼市と陸前高田市の2地域で「早稲田カップ」を開催
しています。これは、元サッカー日本代表キャプテンである加藤久氏のコーディネー
トと早稲田大学ア式蹴球部の協力により、子供たちにとって新しい目標設定と個人の
レベルアップを図るために開催されている小学生サッカー大会です。

　2019年の陸前高田市・気仙沼市共に8回目の開催を最後に、新型コロナウイルス
感染症の影響で訪問しての開催は中止（2020年〜2022年）となっていましたが、「交
流の再開」と「継承」を目的とした「プレ早稲田カップ2023」を実施し（2023年1月）、
活動の再開に向けて進みだしました。

　早稲田カップに参加する地元の子供たちの活発な姿とは裏腹に、地元の方々は「震
災の記憶は風化の一途をたどるばかり」と、思ったような復興が進んでいないのが現
状のようで、活動を継続していくことには大きな意義があります。

　野球部、卓球部、体操部、米式蹴球部、フェンシング部が同様なスポーツ交流活動を
してきており、東北復興支援活動の一環として継続的に活動を続けていきます。

　時間の経過とともに被災地のニーズも変わっていきますが、伝統ある体育各部の学
生たちが持っているものを最大限に活かしながら次世代のメンバーたちにもボラン
ティアのバトンを確実に繋いで行ってほしいと思います。

（早稲田大学競技スポーツセンター）

Column 01

大学でスポーツをするということ

作野 誠一

大学でスポーツをすることのよさとは何でしょうか。最近の調査[注1]によると、学生が大学運動部での経験を通して身についたと評価する自身の強みとしては、「礼儀・挨拶」(82.4%)、「上下関係の理解」(66.4%)、「コミュニケーション能力」(64.1%)、「忍耐力」(63.1%)、「チームワーク」(61.2%) などが上位を占めています。一方、「リーダーシップ」(28.0%) や「マネジメント能力」(18.2%) については比較的低い結果となりましたが、これらは上級生や幹部など一部の学生に求められることが多いためではないかと推測されます（**図1**）。また、就職活動の経験者および予定者に「運動部学生は就職活動に有利か」を聞い

たところ、「有利だと思う」と回答した学生は70.6%、「不利だと思う」は3.4%でした。この結果は、先の運動部に所属する学生の「強み」をふまえた回答とみられます。こうした結果だけをみると、大学運動部に所属していれば、自ずと上記のような強みが身につくともいえそうですが、はたしてそうでしょうか。

大学運動部に所属するということは、自分の生活における時間のかなりの部分を部の活動に充てることを意味します。そして、自分が身を置く空間もまた然りです。スポーツ空間論を提起した荒井 (2003) は、スポーツの世界を「コートの中」、「コートの外」、「実社会」という3つの空間概念によって理解しよう

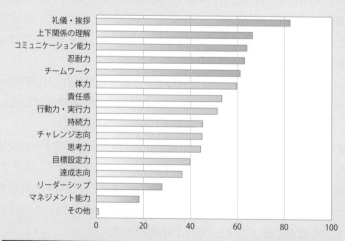

図1 運動部の活動を通じて身についた強み（マイナビ・UNIVAS, 2022）

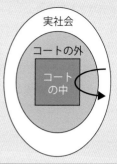

図2	スポーツ空間モデル（荒井,2003）

としました（**図2**）。「コートの中」は、コートやピッチ、フィールドといった競技空間にとどまらず、練習やトレーニングに真剣に取り組む非日常的なプレー空間が含まれます。また「実社会」とは、日常空間すなわち学生としての日常的な生活空間のことをさします。そして「コートの外」とは、日常（実社会）と非日常（コートの中）の間に位置づく緩衝空間（バッファゾーン）のことで、ここにはピッチサイド、プールサイド、シャワールーム[注2)]、部室やクラブハウスといった物理的空間のほか、活動のあとの食事や談笑のように心理的・社会的に規定される空間が含まれます。この「コートの外」は、複数の「コートの中」の人間関係をつなぐ役割を果たすコミュニケーションの場ともいわれており、いわゆる「同じ釜の飯を食う」こともここに含まれることになります（水上ほか, 2020）。

大学スポーツでは、大学のみならず、OB・OG、企業をはじめとする多くのステークホルダーからこれら3つの空間をよりよいものとするためのさまざまなサポートを受けています。かかる支援が部を活性化し、結果として競技成績にも反映されることを期待しているのです。例えば、スポーツ施設・設備面のサポートは「コートの中」で最高のパフォー

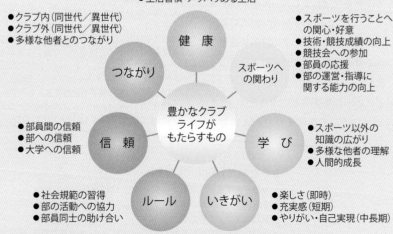

図3	大学スポーツにおいてクラブライフがもたらすもの

（関根ほか（2017）をもとに加筆修正）

（図3内の記述）

健康
●体力・身体能力の維持向上
●リラックス・ゆとり
●気晴らし・爽快感
●生活習慣・メリハリある生活

つながり
●クラブ内（同世代／異世代）
●クラブ外（同世代／異世代）
●多様な他者とのつながり

スポーツへの関わり
●スポーツを行うことへの関心・好意
●技術・競技成績の向上
●競技会への参加
●部員の応援
●部の運営・指導に関する能力の向上

信頼
●部員間の信頼
●部への信頼
●大学への信頼

豊かなクラブライフがもたらすもの

学び
●スポーツ以外の知識の広がり
●多様な他者の理解
●人間的成長

ルール
●社会規範の習得
●部の活動への協力
●部員同士の助け合い

いきがい
●楽しさ（即時）
●充実感（短期）
●やりがい・自己実現（中長期）

マンスを発揮するための直接的な支援です
し、合宿所や寮は「コートの外」と「実生活」
を同時に実現することで仲間との緊密な関係
構築を図るための支援といえるでしょう。一
方で、こうした空間を部員が自らの知恵を動
員しながら、よりよいものにしようとする試
みも伝統的に行われてきました。施設や設備
が十分でない、雰囲気が悪い、人間関係の悩
み、学業との両立等々のさまざまな制約や困
難に真摯に向き合って、仲間と励まし合い、
真剣に議論し、知恵を絞って行動に移す、こ
うした「コートの外」での経験こそが、大学ス
ポーツで得ることのできるかけがえのない財
産のひとつとなるはずです。またそれは、た
んに「所属しているだけ」では決して得られま
せん。大学スポーツの豊かなクラブライフに
よってもたらされるものは多岐にわたります
が（**図3**）、それらの多くは「コートの中」とい
うより、むしろ「コートの外」で得られるもの
ではないでしょうか。このたびのコロナ禍は、
私たちのコミュニケーションのあり方につい
て多くの問題を提起しました。大学スポーツ
においても、コミュニケーションをめぐる問
題、とりわけ「コートの外」での対応や振る舞
いについて考えることが求められているよう
に思います。
　大学でスポーツをするということは、ここ
までに述べた3つの空間を自覚的に往還す

るなかで、「選手としての自分（コートの中の
私）」、「部員としての自分（コートの外の私）」、
「学生としての自分（実社会の私）」のそれぞ
れを高め、成長していくことではないでしょ
うか。そして、そのことが結果として、冒頭で
述べた「強み」につながるのではないかと思う
のです。

〈注〉

注1）㈱マイナビが運営するアスリート向けキャリ
ア支援サービス『マイナビアスリートキャリ
ア』と（一社）大学スポーツ協会（UNIVAS）
が共同で実施した「運動部学生の就職に関す
る意識調査」の結果より引用。

注2）彼の三島由紀夫は、「運動のあとのシャワー
の味には、人生で一等必要なものが含まれて
いる。どんな権力を握っても、どんな放蕩を
重ねても、このシャワーの味を知らない人は、
人間の生きるよろこびを本当に知ったとはい
えないだろう」と述べている。スポーツにお
いて豊かなバッファ（コートの外）をもつこ
とは、人を幸せにするのかもしれない。

〈参考文献・URL〉

三島由紀夫「実感的スポーツ論⑤」読売新聞（1964
年10月12日付夕刊）.
荒井貞光（2003）クラブ文化が人を育てる,
大修館書店.
水上博司ほか（2020）スポーツクラブの社会学,
青弓社.
関根正敏ほか（2017）「豊かなクラブライフ」に
よるアウトカムとは何か, 体育・スポーツ経営
学研究 31：1-23.
「マイナビアスリートキャリアと UNIVAS,『運動
部学生の就職に関する意識調査』を発表」
https://www.mynavi.jp/news/2022/12/
post_37581.html（2022.12.20公開）

作野 誠一（さくの せいいち）

PROFILE

早稲田大学スポーツ科学学術院 教授 1967年富山県生まれ
金沢大学大学院社会環境科学研究科博士課程修了 博士（学術）
専門はスポーツ経営学
福岡女子大学文学部を経て 2003年本学スポーツ科学部講師 現在に至る
相撲部副部長

Column02

稲門体育会と体育各部

　早稲田スポーツは、時代の移り変わりととともに日本のスポーツ界を牽引する役割をも担ってきました。その活躍を常に支えてきたのがOB・OGによる様々な組織的支援です。

　稲門体育会は、1930年に発足した運動部卒業生有志による「稲門体育クラブ」を前身とし、1947年に設立された早稲田大学体育各部OB・OGの会員組織です。会員相互の親睦を図り、早稲田大学および早稲田大学競技スポーツセンター並びに体育各部との関係を密にし、競技力向上と人間形成のための支援と協力を総意として、早稲田スポーツ振興と発展に寄与することを目的としています。

　2015年7月まで戸山キャンパス内にあった「記念会堂（37号館）」は、屋内スポーツ競技や早稲田大学の入学・卒業式の会場としても使用された多目的施設でしたが、この記念会堂は、競技スポーツセンター事務所が2013年9月まで設置されていた「35号館」（同じく戸山キャンパス）とともに、早稲田大学創立75周年事業として、稲門体育会のご寄付により建設されたものでした。

　このほか稲門体育会は、現在も競技に関する指導、奨励、援助など多面的に早稲田スポーツを支援し、早稲田大学および体育各部への発展に寄与しています。

（早稲田大学競技スポーツセンター）

名称	早稲田大学 稲門体育会 （WASEDA UNIVERSITY TOHMON ATHLETIC ASSOCIATION）
設立年	1947年
所在地（事務局）	東京都新宿区戸山1-24-1 早稲田大学競技スポーツセンター事務所内
名誉会長	奥島 孝康（早稲田大学 第14代総長）
会長	河野 洋平（元 衆議院議長、競走部OB）

稲門体育会に属する体育各部稲門会 (数字は部番に対応)

1	稲門倶楽部	2	稲門テニス倶楽部
3	稲門艇友会	4	稲門剣友会
5	早稲田柔道クラブ	6	稲弓会
7	稲泳会	8	早稲田アスレチック倶楽部
9	早稲田大学相撲部稲角会	10	早稲田ラグビー倶楽部
11	稲門山岳会	12	早稲田大学稲門スキー倶楽部
13	稲門スケートクラブ	14	早稲田大学バスケットボール部稲門会(RDR倶楽部)
15	WMW クラブ (ア式蹴球部 OB・OG会)	16	稲門乗馬会
17	稲門卓球会	18	稲門拳闘倶楽部
19	稲門体操会	20	稲門空手会
21	稲門バレーボール倶楽部	22	稲門レスリング倶楽部
23	稲門自動車倶楽部	24	W.A.F.C (米式蹴球部 OB 会)
25	早稲田ヨットクラブ	26	稲門ハンドボール倶楽部
27	稲門ホッケー倶楽部	28	早稲田大学フェンシング部稲光会
29	早稲田大学応援部稲門会	30	稲門軟式庭球クラブ
31	紺碧倶楽部 (準硬式野球部)	32	稲門自転車クラブ
33	稲門バドミントンクラブ	34	稲門航空クラブ
35	稲門ワンダーフォーゲル会	36	稲門ゴルフ倶楽部
37	稲門ウェイトリフティングクラブ	38	稲門射撃倶楽部
39	稲門合気道会	40	アーチェリー部稲梓会
41	稲門ソフトボールクラブ	42	稲門拳法倶楽部
43	早稲田ラクロス稲門会	44	早稲田大学少林寺拳法部稲門会

Column03

「早稲田大学でスポーツをすること」の意味

伊藤 彰吾

2020年にア式蹴球部を卒業し約3年が経ちました。せわしなく過ぎていく日々ですが、少しずつ社会人としての生活に慣れてきたように感じています。

そんな社会人生活の中で、早稲田大学ア式蹴球部での4年間の経験が今の私に繋がっていると強く感じています。

ア式蹴球部は競技以外の活動も大切にする組織であり、私はチームの中で「社会貢献活動」のリーダーを担っていました。

社会貢献活動では、練習場がある東伏見周辺に住む子どもたちのサッカー教室や障がい者サッカー団体の活動サポート、さらに東日本大震災の被災地に赴いて実施する「早稲田カップ」という小学生サッカー大会の運営などを行っていました。

これらの活動は「地域住民」や「外部団体」、「社会人」や「OB・OG」、「大学関係者」と連携して実施するものばかりで、大学生だった私にとって「社会との接点」という貴重な機会でした。

これは、ただ競技を行っているだけでは経験できなかった機会であり、今振り返ると「早稲田大学でスポーツをすること」の恩恵だったと改めて感じます。

また、就職活動時には「社会に貢献できる幅が広い仕事」や「誰かに必要とされるものを届ける仕事」がしたいという自分の軸を見つけることにつながりました。

この軸の根底にあったのは、先述した東日本大震災の被災地で実施した「早稲田カップ」での経験でした。

大会を実施した小学校のグラウンドは、被災直後に仮設住宅が建てられていたところで、子どもたちは遊ぶことを制限されていた場所でした。

そのような場所でボールを一生懸命追いかける子どもたちの姿を見守りながら涙する保護者の方が深く印象に残っています。

大学4年時の写真

早稲田カップ中、現地の多くの方から「災害に備えておくことの重要性」について教えていただきました。また、周辺地域の震災の爪痕を目の当たりにし、被災経験のない、いわば平和ボケしているような私が初めて災害を自分事として考える時間になりました。

　そして私は、一人でも多くの方が「防災・減災」について考える機会の創出に貢献したいと思うようになりました。

　上記の思いから現職を志し、そして社会人2年目には自己研鑽として「防災士」の資格を取得しました。

　これらの経験や知識を活かし、現在は地域で防災啓発につながるような企画の立案・実施を行うなど、充実した日々を過ごしています。

　在学中は「早稲田大学でスポーツをすることの意味」をうまく自分に落とし込めていませんでしたが、今の私は、「早稲田大学という素晴らしい環境で仲間たちと切磋琢磨しながら競技力を高めることだけでなく、早稲田大学だからできる経験や社会とのつながりに価値があること」だと解釈しています。この言葉の解釈は一人一人違うと思います。それぞれが大学4年間、「早稲田大学でスポーツをすることの意味」を最大限に追い求め、有意義な時間にしてほしいと思います。

2019年の早稲田カップの様子

伊藤 彰吾（いとう しょうご）

PROFILE　1997年生まれ。滋賀県出身。
2020年早稲田大学スポーツ科学部卒業。
日本放送協会勤務

WASEDA ATHLETE PROGRAM 3
Section

早稲田スポーツ体現者として
必要な知識とスキル

1 | スポーツと人間形成

　スポーツは人間形成に役立つと言われます。それではスポーツは、人間形成にどのように役立つのでしょうか。

　早稲田大学の創設者大隈重信は、まずスポーツには身体を鍛えるという意義があると言っています。「（社会で成功をおさめようとするなら）まず第一に身体に充分の注意を払って事に臨まなければ、残念ながら事は失敗に了（おわ）る」。だから若者は大いに運動すべし、と大隈は説きました。明治末期に学生スポーツが盛んになると、それが専門的になりすぎているとか、勉強をしなくなるなどの批判が起こりました。これに大隈はこう反論しています。「（学校が運動を奨励すると）学生がそれにばかり熱中して学問を忘れると悪いとて、大変心配しているそうであるが、決してそんな心配は無用さ。運動を為し過ぎるよりは学問を為し過ぎる方がいけない。運動の弊害よりは学問の中毒の方が恐ろしい。」大隈がいかに運動を重視していたかが判ります。当時は衛生や栄養の状態もいまほど整っていなかったので、よけいにそう思ったのかもしれません。

　大隈は以下のように続けています。「運動の種類については、別にかれこれという必要は認めぬ。ベースボールでも、テニスでも、ボートでも、なんでも差支えは無い。……要するに運動はなんでも宜いから、その精神趣意を間違わぬようにして、大いに遣らなければならぬ。世の中に立って大事を為し得るものは、身体の強健なるものに限る。身体の強健を得るには、是非運動でなければならぬ。学校におるものが運動をしたために、学問の進歩にはあるいは多少の遅速を来たすかも知れぬが、それは単に一時の問題であって、最後の月桂冠は、身体の強健にして精力の優越なるものに帰する。」（早稲田大学編『大隈重信演説談話集』岩波文庫、2016年、51 ～ 52頁。）

　初代野球部・庭球部部長で「早稲田スポーツの父」と呼ばれる安部磯雄も、スポーツ批判に反論しましたが、そのなかで「楽しさ」の重要性も説いています。教育のための運動が、ただ厳しさや規律だけが重視された訓練のようになるのなら、「保守的教育家は萬歳を唱へるかも知れないが……興味の薄い運動は害毒が少ない代りに廣く行はれない。」人は面白くないことをやらない、と安部は言うのです。「競技運動には体育といふことと娯楽といふこととの二要素があって、何れが主であり何れが従であるといふことは言へない。……体育と共に健全なる娯楽をも与ふるといふことは教育上重要

なる問題である。人間は何等かの娯楽なくしてはすまないのであるから、なるべく、健全なる娯楽を提供するといふことを教育家は常に考へて居らねばならぬ。」若者が遊ぶのを「唯禁止だけでは無効である。必ず一方に……有力なる娯楽を与へねばならぬ」と安部は主張しました。

　音楽でも、演劇でも、旅行でも、読書でも、さまざまな課外活動は豊かな人間性を育んでくれます。早稲田大学は、そうした学生の多様な放課後の「娯楽」を支援してきました。スポーツも「有力なる娯楽」のひとつです。しかし、スポーツは学業と両立されなければならず、それはできるはずだと安部は説きました。「運動はある程度まで手足の働きであるが、その程度を超ゆれば頭脳の働きとなるのである。いかに手足が敏捷であっても頭脳が鋭敏でなければ、野球庭球のごときに充分の成功を見ることは出来ない。ゆえに一技芸に上達するには鋭敏なる知力ということが第一の要素となるのである。今日一流の運動家と称せらるる人々の多数は、その学業成績において好結果を示してはいないが、決して知力の劣っているものではないことは種々なる点から証明することが出来ると思う。彼らは小学校時代において、もしくは中学の一・二年時代において好成績を表していたのではないか。彼らの兄弟に学才の秀でたるものがあるではないか。」これは、いまどきの言い方に翻訳するなら、「アスリートはジアタマがいいはずだ（できないとすれば、やらないからだ）」と言っているわけです。

　「いやしくも第一流の運動家と言わるるものが、その知力において凡庸であるはずはない。もし彼らが運動家とならずして専心勉学するものとなっていたならば、彼らは学績優等の人であったかもしれない。これと同時に、もし今日の優等生が幼少の時より運動に趣味を有していたならば、彼らもまた有名なる運動家となっていたかもしれない。余は学問に成功するがごとく、運動に成功するにも第一流の知力を要することを信ずるがゆえに、学問と運動が、ある人々の誤解せるごとく両立のできぬものと考うることは出来ぬ。……理想の運動家は、また理想の勉強家でなくてはならぬというのが余の平常唱道して居る所の事である。」
（安部磯雄『體育談』早稲田中学講義 第八号、1907年、59-60頁。漢字・仮名遣いを一部改変。）

　安部の思想は現代にも受け継がれています。「理想の運動家は、また理想の勉強家でなくてはならぬ」とは、まさしく「早稲田アスリート・プログラム（ＷＡＰ）」の精神でもあるからです。早稲田スポーツで形成して欲しい人間性は、「早稲田アスリート宣言」（2008年）のなかに謳われています。この宣言はまず、「私たちは、スポーツの本質

を理解し、競技力の向上を図るとともに、人格の陶冶に努めます」と言っています。スポーツには、努力、協力、勝利、感動、自己実現、生きがいなどの言葉であらわされる、きわめて人間的な諸価値を体験・実感させてくれる面があります。いっぽうで、「競技力の向上を図る」なかでは、葛藤や苦悩や挫折などを味わうこともあるでしょう。それらも含めて、スポーツは人を大きく成長させてくれます。そうした経験がしたくてもできない人も、世の中には大勢います。私たちは、それができる環境に恵まれたことに感謝し、「誇りと自覚を持ち」、多くの学生の「模範となるよう努める」ことを求められています。

　「宣言」の3以降には、「対戦相手に敬意を表す」、「支え応援してくださる方々への感謝の気持ちをもつ」、「地域との交流をはじめ、社会との連携に努める」、「国際交流を通じて、グローバルな視野を養うよう努める」、「社会に貢献するような有為な人材となるよう努める」などがあげられています。ここには、敬意、感謝、交流、連携、（広い）視野、貢献などの言葉が盛り込まれていますが、これらは「社会性」とくくることができると思います。

　スポーツをすれば自動的に人間が形成されるわけではなく、こうしたことに価値を見い出し、自らを形成していこうと努める過程こそが、かならず皆さんの人間形成に役立つはずです。

（石井　昌幸）

2 │ リーダーシップ

学生スポーツにおけるリーダーシップ

　リーダーシップとは、「指導者・指導者としての地位」、「指導権、指導力、統率力」（広辞苑）と示されています。では、学生スポーツにおけるリーダーシップとはどのように解釈すべきでしょうか。一般的には主将として組織を導く、またはグループのリーダーとして部員をまとめるといったことが考えられます。広辞苑に示された定義のうち、「指導者」や「指導権」というより「統率力」が学生スポーツにおけるリーダーシップに近い意味でしょう。「自治活動」といえる学生スポーツでは、リーダーシップを「指導者」や「指導権」というよりも、同じ学生の部員を導くこと、監督やコーチと年間活動計画に関して話し合うこと、部員間の様々な問題の調整役的な能力が必要とされます。さらには、OB会からの要求や、学生連盟等の行事や要請に対する部内調整を、中心となって行うことが求められます。これらの役割や活動は、マネージメント力を備えた統率力を持つ人物が担わなければなりません。では、具体的な事例に対する対処方法を考えてみましょう。

Q OB会から「勝利」を優先する組織に部を再編してはどうかという提案を受けた

A このような提案に対して、OB会と部との間に絶対服従的上下関係が存在する！と考える必要はありません。なぜなら、部の管轄をしているのは大学であり、その代表者は部長であるからです。ただし、様々な形で支援を受けているOB会との関係を損なうことのない方策を考えなければなりません。気をつけなければならないことは、OB会との軋轢という問題を回避するためにOB会の意向に沿って部の組織再編をしてしまうと、部の中で学生が自主性を失い、長期的な視点では組織運営に問題が発生する可能性が非常に高いということです。リーダー部は、部長・監督と連携をとりこれまでの部の歴史と部員の特性を考慮し、部の在り方を決定する役割があります。

Q 授業と練習時間の調整がつきません。どちらを選んだらいいのですか?

A 大学生の立場として、授業優先は当然です。しかし、チームスポーツの戦術練習では、不参加者を問題視する指導者や部員が発生してしまうこともあるでしょう。この問題が起きる背景には、慣例的な練習時間帯を変更しない練習環境やそのことに疑問を感じない部員の体質に問題があると考えられます。練習時間の変更が必要な場合は、監督・コーチ等のスタッフに相談すること。さらに、部長から助言を組み入れ部員間の意思決定を重要視することが学生スポーツの意義の一つにつながるでしょう。監督等スタッフ意見は強化的な視野に立つ場合がほとんどです。皆さんは、生徒でなく学生です。学生の自治の重要性と部員間の共通理解により質問内容を解決するよう努力してください。監督・コーチのボランティア的支援には感謝しなければなりませんが、まず部員の自治・学業を優先し最適な選択をすることと、それを指導者に説明し理解してもらうことも、リーダーの役割です。最後に、問題解決を行って行く中で糸口が出にくい場合は、競技スポーツセンターに相談することも考えてください。

Q 監督の方針に疑問を感じる部員がいる

A これは難しい問題です。監督は、勝利追求をこれまでの経験知をもとに指導する場合が多々存在します。さらに、OBとして後輩に歴史的指導「伝統」を強く求めることがあります。また、監督は基本的にはボランティアであり、自分の自由時間を部員に提供しています。単純に戦術や指導方法が古典的または感覚的すぎるという理由で疑問を持っているのならば、部員同士で意見を交わし監督スタッフと話し合う時間を確保することです。一方で、部員が疑問を感じる背景には「高校時代はいい練習をしたため成果も出たのに、今は…」といった成功体験が監督の方針へ不満となることもあります。いづれにしても監督スタッフ、部員間のコミュニケーションが重要な意味を持ちます。問題を抱える部員の意識の変化を促すような話し合いをすることで、リーダーとその部員との間に信頼関係が生まれ、解決の糸口が見えてくることがあります。多くの部員から疑問が出た場合は、幹部が内容を整理し部長に相談すると共に監督スタッフと話し合うことで問題解決につながるものです。ただし、監督が部員の意見をすべて認めないときは、部長への現状報告と競技スポーツセンターへ問題発生とその後の流れを報告すると共にアドバイスを受けることをすすめます。

Q 部内での盗難やいじめが存在する

A こうした問題の存在を認識したら、監督・部長に報告すると共に競技スポーツセンターへの状況説明を速やかに行うべきです。体育各部への支援は、活動場所・資金・入試等の様々な配慮が大学によってなされています。部内で発生した問題は、うやむやにしたりもみ消すのでなく公開することで学生自治は保てます。リーダーには、正しい状況の把握と迅速な対応が必要です。こうした問題発覚後、対応しない時間が経過すればするほどその後の状況は悪い方向に向かいます。そうなると、部活動の停止だけではなく組織の解体にもつながりかねません。速やかな状況確認と内容の機密を確保して部長と共に行動してください。

　以上、特徴的な例題に対するリーダーとしての基本的な対応方法を述べました。近年の大学スポーツは、国際化が進んでいます。リーダーにはこれまでのような学生の自治意識に加えて、グローバルな視点も求められつつあります。歴史と伝統に盲従するだけでは部を運営できません。前例のない問題への対応には困難が伴いますが、臨機応変に行動し、部員に様々な意見を提案する姿勢を持たなければなりません。

　リーダーシップとは単純に統率することではなく、様々な事がらに対して的確な状況判断を行い、他者への提案や働きかけができ、自ら率先して行動する姿勢のことです。さらには周囲への気配りができる心を備えることも必要です。21世紀の学生スポーツには、このようなリーダーシップが求められるでしょう。

（礒　繁雄）

3 目標設定 (GOAL SETTING)
すべては自分に戻ってくる!!

目的と目標

あなたは今、競技に取り組んでいますが、その目的は何でしょうか。

あなたは今、競技に取り組んでいますが、その目的を達成するための目標は何でしょうか。

あなたは、この問いに対して多くの時間をかけて徹底的に考えなければなりません。その目的や目標について明確に定義づけすることがとても重要です。

競技をしている目的と目標を明らかにすることが自身の「夢」を実現するための第一歩です。

では、目的と目標の違いについてお話ししましょう。

目的は、字のごとく「的」を意味し、この「的」に向かって進むことを意味します。しかも目的は「最後の的」を指しています。例えば、競技に取り組んでいる目的は、「全日本インカレ（全国大会）で優勝すること」と仮定しましょう。この設定は、あまり良い設定とは呼べないでしょう。目的の設定は、競技力向上という狭義を最後の的とすることよりも、広がりを持たせて「人間力を創ること」、「自分自身を鍛えること」、「自分自身を知ること」、「広い視野を身につけること」などの競技を引退した後にも役立つような設定の方が良いでしょう。ギリシャの哲学者のタレスは、「最も困難なことは自分自身を知ることであり、最も容易なことは他人に忠告することである。」という言葉を遺しました。この言葉を借りるならば、競技をおこなっている目的は、「自分自身を知るためにおこなって

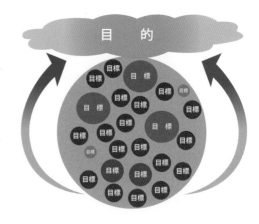

いる」、「自分自身に挑戦するためにおこなっている」などということかもしれません。その目的という最後の的（最終設定）に向けて、それを実現するための目標を設定する必要があります。

目標を達成したときの素晴らしいイメージをもとう

　目標は目的を実現するための1つの項目であり、方向性を示すものです。そして、その目標を立てる際には、設定した理由を明らかにしておくことが重要です。目的は壮大で目に見えにくいものですが、目標は手に取ってあるいは目で見てわかる具体的な内容が良いでしょう。その際、目標を達成したときの素晴らしいイメージを思い浮かべて、立ててみましょう。目標は明確な理由があれば必ず行動できます。また、その理由がはっきりとしてればしているほど、困難を乗り越えられ、目標の達成ができる可能性は高くなります。

プロセスこそ重要

　アスリートは勝つことやベストパフォーマンスをすることを目標として日々鍛えています。そこで、自分の競技が好きならば、自分自身のことが好きならば、徹底的に勝つことやベストな状態にこだわり、自身を鍛え抜くことです。1つ1つについて、勝つための行動をしなければなりません。結果を追い求めることは重要ですが、結果は非情にも勝ちと負けにはっきりと分かれます。勝ち負けにこだわることは、そのプロセスにこそ大きな意味があるのです。その目標に向かって懸命に取り組むことが非常に重要です。目標はあくまでも目標です。目標が未達に終わることもあります。目標が未達に終わったならば悔しいですし、残念ではありますが、必ずそのプロセスには多くの成功したものがあるのです。そのプロセスである勝つための行動をしたことこそ皆さんの宝物です。その目標は成功にしろ、失敗にしろ、あくまで目的を達成するためのものでしたね。したがって、勝負をしながら自身を鍛えていくことこそが重要です。それはすべて自分に返ってくるものですから！

具体的な目標設定の仕方

　目標にはいろいろとありますが、具体性のない目標は目標としては適していないでしょう。では、具体的な目標を立てる前にどのような種類があるのかを整理してみましょう。

1．内容設定

⑴　問題点の改善

　現在できていないことを目標として、現在できていることとできていないことの差分を明確にして、その改善をおこなうこと

⑵　現状の継続

　現在続けていることをそのまま継続しておこなう。そのことが定着するようになること

⑶　レベルアップ・精錬

　現在できていることをさらにレベルアップさせることやきめ細かさを求めることを意図すること

⑷　新規挑戦

　現在できていることとは別に、今までおこなったことがないことに挑戦すること

2．期間設定

　期間を決めてその期間内における目標を設定するとさらに具体性が増し、達成に近づくことができます。期間は人によってその長さの考え方が異なることがあります。あくまで長期・中期・短期というようなスパンの目標を設定することから始めることが良いでしょう。

⑴　長期目標

　年間目標など1年あるいは4年間の目標など長期にわたるもの

⑵　中期目標

　1か月・3か月や半年間の目標など中期にわたるもの

⑶　短期目標

　1週間・3日間・1日・1時間などの短期のもの

3．ノルマ設定

　内容設定の中身をさらに具体化しておき、何をどのくらいの回数おこなうのかなどの目で見てすぐにわかるものを設定しましょう。時間・回数・セット・強度などがその一例です。

（松井　泰二）

4 | ストレスマネジメント

学生アスリートのストレッサー

　学生アスリートはスポーツ場面でたくさんのストレスを感じています。ストレスを与えるものをストレッサーと呼びますが、学生アスリートはそのスポーツ場面だけではなく、他の大学生同様、日常生活場面（アルバイトや授業など）においても多くのストレッサーにさらされます。そのため、日常生活場面においてもスポーツ場面においても、それらの不快なものを遠ざけるだけではなく、適切に対処する方法を身につけ、それらと上手に付き合っていくことが大切です。

　例えば試合やアルバイトで、大きなミスをしてしまった時のことを考えてみましょう。ミスをしてしまった時には、後悔や恥ずかしさなどのネガティブな感情が湧きあがってくるでしょう。その際、あなたならどうしますか？

　　Aさん　「気を紛らわせるために大好きな音楽を聴いてみる。」
　　Bさん　「今回のことを忘れるために楽しかった時のことを思い出して元気を出す。」
　　Cさん　「自分はダメな人間だからこんなミスをしてしまったんだと考えこむ。」

　みなさんそれぞれに、自分なりのネガティブな感情を無くすための方法があるでしょう。しかし、このようなことをしてもネガティブな感情が無くならない時はどうしますか？また、この方法で一時的にネガティブな感情を無くすことができても、すぐに元に戻ってしまうという経験はありませんか？そもそも、今までネガティブな感情を無くそうとして完全に無くせた人などいるのでしょうか？

そのままにしておく

　そこで1つ提案したい方法があります。それは、ネガティブな感情を『そのままにしておく』という方法です。今までは、上で示した例のように、ネガティブな感情を一生懸命なくそうとしたり、ポジティブな感情（たとえば、「緊張を自信に変えよう！」）にしようとしてきたかと思います。しかしそうではなく、ネガティブな思考を抱くことを評価せず（つまり、ネガティブな感情を抱くことが悪いことだとは考えず）に、「あ、私は今、ネガティブな感情になっているな」とそのままにしておきます。

『そのままにしておく』ためのさらに具体的な方法を１つご紹介します。まず、ネガティブな感情に名前をつけてください（たとえば、ここでは「感情くん」と名付けます）。次に、その「感情くん」を取り出してじっと観察してみましょう。「感情くん」の色は？形は？重さは？触感はどうでしょうか？また、「感情くん」を取りだした際にどのような反応が生じるかもみてください。「嫌だ」、「怖い」などという不快な反応がでてきたら、それにまた名前をつけて繰り返していきます。何の反応もなくなったら、最後にそれを自分の中に戻してみましょう。おかしなことのように思いますが、これがスムーズにできるようになると、ネガティブな感情を『そのままにしておく』ことが上手になります。

価値を明確化すること

『そのままにしておく』ことの他に大切なこととして、学生アスリートの皆さん一人ひとりの価値が何であるかを明確にすることがあります。価値を明確化する具体的な方法としては、「自分が引退する時に、親や仲間になんてコメントしてほしいか」、「また、頭の中ものぞけるとしたら、何と考えていてほしいか」を詳細に思い浮かべてみてください。これは、あなたの競技人生においてもっとも望んでいること（＝価値）を反映します。

なぜこのように価値を明確化しておく必要があるかと言うと、この明確化ができていなければ、自分がすべき適切な行動が何なのかもわからないままになってしまうからです。

たとえば、自分のパフォーマンスを向上させることが１番の価値であるとしたら、それを達成するための適切な行動は、適切な量の練習をこなすことや、バランスのとれた食事を摂ることでしょう。当然ながら、価値に近づくためにするべきことは、不安や緊張などのネガティブな感情をなくすことではありません。

以上のことより、ネガティブな感情を無くそうとしたり変えようとしたりする努力をするよりも、それらのネガティブな感情があっても、『そのまま』にしておき、自分の価値を明確化し、それを達成するための行動を増やす方が理にかなっていることがわかります。

ストレスなどの心理的苦痛は、人間として当然の反応であり、誰でも感じるものです。それらを意図的に取り除こうとするのではなく、上で述べた方法を参考に、適切な対処方法を身につけ、それらと上手に付き合っていきましょう。

（岡　浩一朗／深町　花子）

5 チームマネジメント

　皆さんにとって、最高のチームとはどういうチームなのでしょうか？目指している成果を確実に出すことのできるチームでしょうか？メンバー同士の一体感を感じることができるチームでしょうか？

　どんなに素晴らしい才能を持った選手がたくさんいたとしてもメンバーの関係性が悪いためにパフォーマンスが発揮できないこともありますし、平均的な実力のチームであってもチームワークの力でパフォーマンスを最大限に発揮し勝利することもあります。チームには、目指す目標を達成する機能とメンバーの関係性を維持する機能とがあり、チームの成果はメンバー間の相互作用に大きく影響されます。

　では、チームマネジメントとは何を行うことなのでしょうか？

チームマネジメントのために行うこと

1．どんなチームとして、どんな状態を目指すのかを描き、メンバー間で共有する
  ●ビジョン（目指す姿、ありたい姿など）やミッション（存在意義、使命、理念など）を構築する
  ●目指すべき方向やチームとして大切にしたい価値観をメンバー間で確認し共有する
2．ビジョンやミッションの実現のために、何を目指し、何を達成するべきなのかをメンバーと共有する
  ●目標設定する：「結果目標・行動目標・パフォーマンス目標」「長期目標・短期目標」
3．目標達成のために具体的に何をなすべきなのか・なすべきでないのかを考える
  ●戦略・戦術を策定する：現状分析、課題設定、解決策の立案
  ●考えるためのフレームワークの例：SWOT分析（Strength・Weakness・Opportunity・Thread）
  ●活動計画を策定する
  ●役割分担する
  ●育成計画を策定する
  ●ルールや規範を作る　　など

4．目標達成のための行動をメンバーに促す

- チームの雰囲気を作る（非言語コミュニケーション）
- コミュニケーションする（伝える・聴く・共感する・問いかける・認める・勇気づける・褒める・叱るなど）
- メンバーのやる気を上げる
- メンバー間の相互理解を促進し、信頼関係を構築する
- メンバーの納得性を高める
- メンバーにチャレンジを促し、成長の機会を作る
- メンバーの手本となる
- 関係者と交渉する　　など

5．振り返りの機会を持ち、さらなる成長につなげる

- チャレンジしたことを確認する
- うまくいったことを確認する
- うまくいかなかったことを確認する（次に向けての課題を洗い出す）
- 次に向けての具体的な行動を決めて実行する

　チームは、生き物のようなもので、構成するメンバーの個性や関係性、メンバーの目標達成へのコミットメント度合い、創設以来受け継がれてきた組織風土、チームの規範、役割分担、ステークホルダーの影響、リーダーシップのスタイル、置かれている環境など様々な要因により多様に変化します。

　チームの誕生から終わりを迎える時までの成長のプロセスを段階的に示したものがB.W.タックマンが提唱したタックマンモデルと言われているもので（**図1**）、第1段階（形成期）、第2段階（混乱期）、第3段階（規範期）、第4段階（達成期）の4つの段階があると言われています（第5段階として散会期を入れる場合もあります）。チームは最初からチームとして成立しているわけではありません。時には対立や葛藤を経験しながら、時にはお互いの価値観や想いを共有し相互理解を深めながら、各段階を行ったり来たりします。中には、メンバー間の相互作用や相互理解の程度によって、次の段階に進むことができずにその命を終えてしまうこともあれば、質の高いコミュニケーションにより、順調に次の段階に進み、高いパフォーマンスを発揮することもあります。

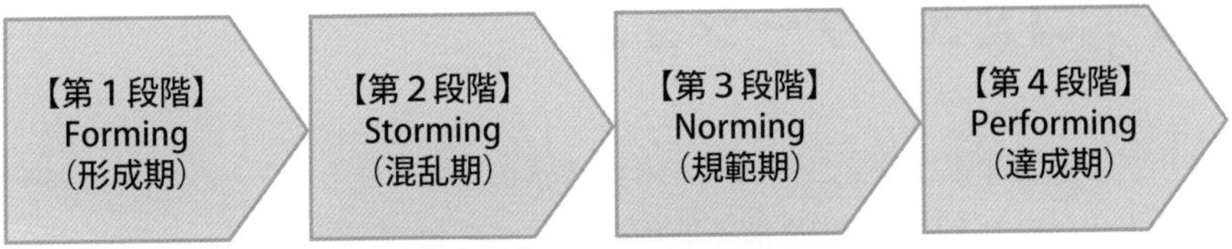

```
┌─────────┐  ┌─────────┐  ┌─────────┐  ┌─────────┐
│【第1段階】 │→ │【第2段階】 │→ │【第3段階】 │→ │【第4段階】 │
│ Forming  │  │ Storming │  │ Norming  │  │Performing│
│ (形成期) │  │ (混乱期) │  │ (規範期) │  │ (達成期) │
└─────────┘  └─────────┘  └─────────┘  └─────────┘
```

図1 チームの発達段階（タックマンモデル）

　以下にチームを効果的に発展させるために、意識的に行うとよい取り組みとそのポイントについて紹介します。

● 第1段階から第2段階に進むためには、コミュニケーションの量を増やすこと、言いたいことが言える安心・安全な場を作ることが大切です。そのためには、話し合いのルールを決める、否定や批判をせず、ポジティブな言葉を使う、お互いを尊重する、少数の意見や考え方にも耳を傾ける、「私たち」視点を常に持つといったことを心がけるとよいでしょう。

● 第2段階から第3段階に進むためには、チームが目指す姿について、最高の状態と最悪の状態を描いて全員で共有し本当に目指したい方向性を確認したり、誰が何をするべきなのか、するべきでないのかを考え行動に移す必要があります。

● 第3段階から第4段階に進んでいくためには、成功からも失敗からも学ぶ姿勢を大切にしながら、それぞれの強みを活かした役割分担をもとに、現実的で適切な目標（段階別目標やパフォーマンス目標）を立てて行動し続け、チームとして成功体験を積んでいくことが重要となります。

（守屋　麻樹）

6 | コミュニケーション

　スポーツにおけるコミュニケーションは、個人の競技力向上やチームのパフォーマンス向上のプロセスに不可欠な構成要素です。ここでは、特にリーダーや指導者に求められるコミュニケーションについて「目的」「場づくり」「きく」「伝える」の4つのポイントから紹介します。

目的

　効果的なコミュニケーションの第一歩は、その目的の明確化です。目的が明確であれば、より円滑に必要な情報を共有したり、意思決定ができたりするようになります。不明確であれば、すれ違いや思い込みによるロスが生まれやすくなります。

　コミュニケーションの目的は、次の3段階に分類できます。リーダーや指導者は、意識的に目的を定めて、コミュニケーションの機会や手段を選択することが望ましいです。

段階1：共有

- 情報伝達：行動や判断の基準となる情報を共有することで、個人・チームが効率よく活動ができるようにする
- 感情共有：他者と感情的な情報を共有することで、相互理解を深め、信頼関係を築きやすくする

段階2：発展

- 問題解決：個人・チームにとっての問題とその原因を掘り下げ、解決策を求めることで、パフォーマンス向上につなげる
- 相互成長：互いの強みや弱み、変化の過程をフィードバックしあうことで、課題の認識や成長の自覚を促す

段階3：共創

- アイデア共創：自由でオープンなコミュニケーションを通じて、相互に刺激しあい、従来の常識や慣習になかった発想や方法論を得る

場づくり

　コミュニケーションにおいて、より高次の目的を達成できるようにするために、リーダーや指導者が意識すべきは「場づくり」です。特に意識したいキーワードは「心理的安全性」です。

　心理的安全性とは、個々の関係あるいはチームにおいて、一人ひとりが本音を吐露することに安心している状態です。本音を吐露しても関係性が壊れることがないという共通の認識や雰囲気があることが重要です。さまざまな研究で、心理的安全性の高い「場」では、個人・チームの発展や協創に向けた新しいアイデアが生まれやすく、結果としてパフォーマンスが高まることが分かっています。

　場の心理的安全性を高めるために、リーダーや指導者は、次の2つのアプローチをうまく組み合わせることが重要です。また、「心理的安全性を明示的に求めながら、暗示的には否定する（言行不一致）」という状況は、心理的安全性を著しく低下させる恐れがあるので注意が必要でしょう。

明示的アプローチ（言語）

　「自由に発言してほしい」「みんなの不安や不満を聞きたい」「下級生の意見を生かすのが私の役割」、など

暗示的アプローチ（態度）

　弱い立場からの意見に耳を傾ける、意見を出せる場を日常的に設ける、高圧的な態度をとらない、一人ひとりの存在を認めている、など

きく（聴く＆訊く）

　リーダーや指導者にとっては、自らの考えを伝える前に、相手の理解を深める努力も欠かせません。知覚しやすい言動だけでなく、その背景にある相手の知識や考え方、価値観、感情・願望まで理解することは、結果として双方にとって良い変化を生み出すコミュニケーションの土台となります。そのためには、積極的な傾聴、すなわち「聴く」と「訊く」を実践することが効果的です。

「聴く」＝効果的な傾聴

相手の話と相手自身に興味を持ち、話しやすい状況を作る

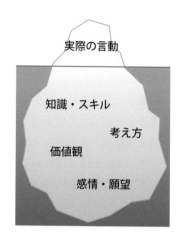

- うなずき・あいづち：「そうだったんだね」「なるほど」「うんうん」など
- オウム返し：「〜だったんだね」「〜なんですね」
- 受容的に向き合う：目を見る、柔らかい表情、間違っていると感じても表情に出さない

「訊く」＝効果的な質問

相手の考えやその背景をより正しく理解するために質問をする

- 事実の掘り下げ：「もう少し具体的に言うと？」「例えば？」「いつ、誰が、何をしたの？」
- 理由・根拠の掘り下げ：「どうしてそう思ったの？」「〜〜だったのは、なぜ？」
- 感情・願望の掘り下げ：「そのときどんな気持ちだった？」「〇〇は、どうしたいの？」
- 認識のすり合わせ：「〜という理解であっている？」「〜ではなく、〜ということ？」
- 視点の提供：「〜という視点ではどう思う？」「あなたが、〇〇の立場ならどうする？」

伝える

　自分の考えを他者に伝える際にも、伝える相手を意識して、効果的なプロセスを用意することが重要です。人は誰しも他者よりも自分のことをよく理解しています。そのため、自らが強い信念を持つ事柄ほど、相手の視点・思考・価値観、それまでの努力などを軽視するバイアスに陥りやすいです。結果的に、伝えたいことが伝わらない状況が生まれやすくなります。

　特に、リーダーや指導者は、相対的に優位な立場で伝えることが多くなるため、相手の理解や心境を尊重しながら伝えることが求められます。その際、次の３つに留意しながら、相手にとって分かりやすく、より魅力的な伝え方ができるよう努めるとよいでしょう。

結論・根拠・例示

　構文的に活用することで、できるだけ端的に考えを伝える。（事前準備が重要）

　例：「結論から言うと〜です。なぜなら〜だからです。たとえば〜でした。」

理解のすり合わせ

　コミュニケーションが一方通行にならないように、適宜受け手理解や感想の確認を挟む

　例：「ここまでで、質問はある？」「ここまで聞いて、どんなことを感じた？」

Why のストーリー

　行動や習慣の変化を求める場合に、誘因となる魅力的な理由をストーリーとして提示する

　　例：「〜〜は、〜〜を意味する。〜〜という目標の達成につながるだけでなく、〜〜という良い効果も期待できる」

（関口　功志）

7 | ミーティング

チームを運営する上でミーティングの存在について解説します。「ミーティング」は、相互に思いを共有する場を生み出すことで、安心安全な関係性を醸成します。また活動のあらゆる場面を通じて人間的成長や能力向上を促します。

ミーティングとは伝承

ミーティングとは伝承のための手段です。伝承とは、「受けること、伝えること」です。過去から未来、受け手と出し手一方通行であっては、伝承しません。「何」を「どうやって」を認識し、「自分の思い」を「コミュニケーション」で行うものです。

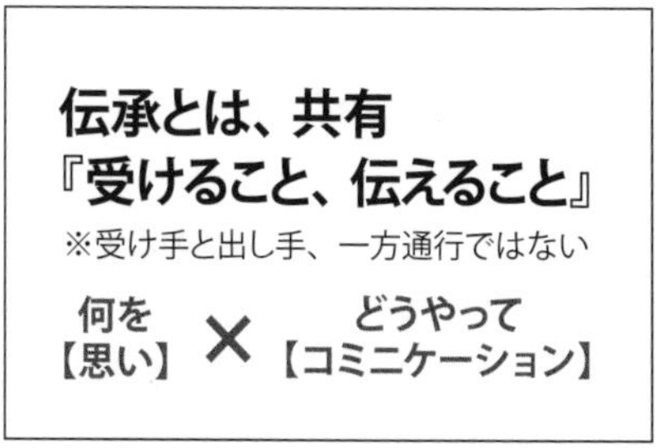

伝承とは、共有
『受けること、伝えること』
※受け手と出し手、一方通行ではない

何を
【思い】 × どうやって
【コミニケーション】

図1 伝承とは

ミーティングの目的

チームに関わるメンバーは、選手だけでなく監督やコーチも、チームで設定したビジョンや目標を達成するために活動しています。ミーティングの目的としては、その実現に向けた、メンバーの安心・安全性の確保、そしてその成果として「自分らしさ・強みの発揮」というパフォーマンスの向上に繋がります。能力の段階として、従順→勤勉→専門性→主体性・創造力・情熱というステージに分けて考えてみると、専門性から主体性や創造力、そして情熱へのステージアップを生み出すためにミーティングは効果的です。

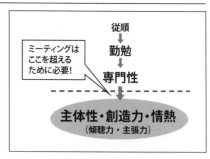

ミーティングはここを超えるために必要!

従順
↓
勤勉
↓
専門性
- - - - -
主体性・創造力・情熱
（傾聴力・主張力）

図2 能力の段階

ミーティングの種類

ミーティングの種類は4種類が必要と考えます。

①ワン オン ゼロ → 無記名アンケート ➡ 周りを気にせず、自分の思いの吐き出し
②ワン オン ワン → 面談（2回以上） ➡ 約束や基準を共有する信頼関係
③グループ → 部門（MU・分析など） ➡ 情報共有と共感、そして共鳴
④全体 → オープンコミニケーション ➡ 常に枠に捉われない感覚の継続

　チーム運営の実践には戦略的なミーティングにより実現します。ミーティングにより精神的に安定した状況を醸成し、相互に人間的成長を促されることで、ビジョンや目標の達成に向かっていくことでしょう。

　そして、監督やコーチとのコミュニケーションは「社会との接点」でもあります。スポーツを通じた活動で、社会と大学との「間」にあるもの、繋がりを導き出すことで今現在が「将来の自分」を描くことになっていることを実感していくことが大学スポーツの存在意義ではないでしょうか。

（外池　大亮）

8 | 学生アスリートのメンタルヘルス

学生アスリートにおける心理的負担

　学生アスリートに求められることは「優秀なアスリートであること」、「学生であること」そして「模範的な社会人となること」の３つがあるとされます（PinkertonRS ほか、1989）。これらにまつわる心理的負担を以下に挙げます。

⑴ 「優秀なアスリートであること」

　大学在学中にパフォーマンスのピークを迎える競技は多くあります。従って大学の代表（あるいは日本の代表）としての競技成果を期待されることは、学生アスリートにとっては宿命といえます。そして、よい成績をあげるほど周囲の期待は高まり、それがさらなるプレッシャーを生みます。一方で、同じ部内でも個々人の目指すところが異なると、チーム全体のまとまりが欠けたり、チーム内の人間関係に齟齬を来します。場合によってはそれが嫌で部を離脱することにもつながります。一般的に学生アスリートの生活は部活を中心に回っていますので、部活以外の学生とあまり深い人間関係を築いていない場合が多く、部からの離脱は彼らの学内での孤立感を高めてしまう恐れがあります。

⑵ 「学生であること」

　大学という新たな環境においては、初めて親から離れた一人暮らしに伴う孤独・不安に耐え、さらにチームメイトや異性、教員などとの新たな人間関係を構築する必要があります。一方で、早稲田アスリートプログラムが掲げるように修学に関しても早大生としてある程度の水準が要求されます。特に４年生は競技に加えて卒業論文作成や就職活動を行わねばならず、心身ともにストレスの多い時期になります。⑴とも関係がありますが、アスリートとしての成績がふるわないと自己評価が下がってしまい、これが学業への意欲を失わせてしまう場合もあります。

⑶ 「模範的な社会人となること」

　大学生の時期は青年期後期にあたり、卒業後の進路や人生の目標などを定めていかねばならない不安定な時期です。しかし、アスリートは世間から「心身ともに健康」であり「社会のお手本」となることを期待されます。その分、学生アスリートの起こす

不祥事に関しての世間の批判は、同年代の一般学生に比較して大変厳しくなりがちです。従って、学生アスリートは日常生活においてすら強い規律遵守を要求され、緊張を強いられることになります。

　以上のように、いくつもの「役割」をこなさねばならない学生アスリートの生活は、決して平坦ではないばかりか、普通の学生以上にストレスの多いものであることがわかります。

学生アスリートにおける心身の症状

　アスリートは通常の人たちよりも精神的健康度が高いと考えられています。しかし、摂食障害やオーバートレーニング症候群、アルコール乱用などはむしろアスリートの方が多く、決して精神障害と無縁ではありません。また、生活上のストレスは集中力や判断力を鈍らせ、結果として競技・練習中などに重大な怪我を引き起こすこともよく知られています。怪我をするということはアスリートとしてのアイデンティティを脅かす重大な出来事であり、これがさらにストレスを助長するという悪循環が生じる恐れもあります。

精神的問題に対処する方法

　アスリートは一般的に精神的悩みを持つことを「自分が弱いため」「感情がコントロールできないため」ととらえる傾向があります。たとえ精神的悩みがあったとしても他者に打ち明けたり相談することを「他人へ依存することになる」と考えやすいため、無意識のうちに悩みの存在を自ら否認してしまったり、相談行為を躊躇する傾向があります。また、悩みの存在にチームメイトやコーチ、トレーナーなどチーム内のスタッフが気づいたとしても、彼ら自身がサポートに徹するため、事例化しない可能性があります。サポート自体はチームの重要な機能ですが、反面本格的な治療を受ける機会を逸してしまう恐れがあります。これまで述べたように、アスリートであるからといって心理的・精神的問題を抱えないわけではありません。充実した学生アスリート生活を送るためにも、精神的問題が生じたらできるだけ早く心の専門家へ相談をすることをお勧めします。

（堀　正士）

Column 01

「日々の活動に感謝の気持ちを」

船木 豪太

　2020年、新型コロナウイルスが世界を席巻し、私たちの日常生活は一変しました。日本では同年4月に緊急事態宣言が出され、大学の授業は延期、部の活動も中止を余儀なくされました。私の所属していた漕艇部では、第89回早慶レガッタが中止となり、戸田公園にある寮を引き上げて、全部員が実家へ帰省することになりました。

　当時、3年生であった私は、4年生にとって最後の早慶レガッタがなくなってしまったことに対して、やり場のない悔しさが込み上げてきました。浜松の実家でひとり、自主トレーニングをしている間も、本当にインカレこそは開催されるのか、このまま自粛期間が続いて、そのうちに4年生は引退してしまうのではないか、そんな不安や怒りにも似た感情を持ちながら日々を過ごしていました。

　結果的には、2020年の秋にインカレ・全日本選手権は無観客で開催され、私が最上級生となった、2021年シーズンも、早慶レガッタとインカレ・全日本選手権は開催されました。

　一方で、2020年の上半期に経験した自粛期間の日々というのは、その後、私自身にとって「大学でスポーツをするということ」を改めて考える、とても重要な機会であったと感じています。以前までは、大会が開催されること、そして、それに向けて練習を重ねていくことは、「当たり前なこと」だと思っていまし

た。しかし、自粛期間を経て、再び活動を開始していく中で、それらは決して「当たり前なこと」などではなく、「有り難いこと」であったということに気づかされました。

そもそも「大学でスポーツをするということ」は、とても恵まれた環境なのではないでしょうか。大学という場で高等教育を受けられること、そのうえで、スポーツ活動にも取り組めること、これは、決して「当たり前なこと」などではありません。海外に目を向けると、多くの若者が戦争によって命を失っており、スポーツはおろか、その日を生きていくだけでも精一杯という現実があります。私自身は、自粛期間を経るまではそのことを深く考えることができませんでした。しかし、私

たちはコロナ以前から、そして、今後も「大学でスポーツをするということ」は、とても「有り難いこと」なのだということを改めて胸に刻んでおく必要があると思います。

学生生活は同じ毎日の繰り返しで、ともすれば「練習がきつい」、「思ったような結果が出ない」、「勉強がつらい」といった愚痴が出てきてしまうかもしれません。ですが、そんな時は、一度立ち止まって、そう思えること自体が、とても「有り難いこと」なのだということを思い出してください。このように感謝ができたとき、きっと、ネガティブな感情はふっと消え、「もう少し頑張ってみようかな」と思えてくるはずです。

船木 豪太（ふなき ごうた）

PROFILE　1999 年生まれ。静岡県出身。2022 年早稲田大学スポーツ科学部卒業。2022 年 4 月より、早稲田大学大学院スポーツ科学研究科に在籍。

WASEDA ATHLETE PROGRAM

Section 4

早稲田スポーツ体現者としての行動

1 | スポーツにおけるジェンダー・セクシュアリティのDE&I (Diversity, Equity & Inclusion)

早稲田大学のアスリートとして

　早稲田大学は、男女共同参画やダイバーシティ推進に取り組んでいます。それは、スポーツの分野でも例外ではありません。現在の体育各部では性別にかかわらず多くの学生が活躍し、障がい者スポーツの分野でも世界をリードする学生がいます。

　みなさんには、性別、障がい、性的指向、性自認、国籍、エスニシティなどにかかわりなく、それぞれが持ちうる力をいかんなく発揮し、国際的に活躍するアスリートとして成長していってほしいと願っています。さらには将来の指導者としての基礎を培うためにも、みなさんには早稲田のアスリートとして多様性を受容し、他者を尊重して活動できる学生であることが求められています。

早稲田大学の歴史から ～女性の教育機会開放・男女共同参画・ダイバーシティの推進へ～

　明治期に女子高等教育の必要性を説き日本女子大学校の創立委員長をつとめた大隈重信やキリスト教的人道主義の立場から女性解放を説いた安部磯雄など、早稲田大学の先人たちは、大学の草創期から女性の高等教育機会の充実に取り組んできました。

　1921年に聴講生として女性の学習が認められ、1939年に正規学生として4人の女子学生が入学、そして、1949年新制大学制度のもと、全学部で男女平等の資格で入学が認められ、女性への教育機会が開放されています。

　一方、教育や労働、生活の場面では男女間の格差、差別が依然として残っていました。就職活動での男性のみを対象とした募集や企業内での女性を対象とした結婚退職制度など、今ではなかなか信じがたいことが行われていました。1979年国連にて「女子に対するあらゆる差別を撤廃する条約」が採択されたこともあり、日本でも雇用における女性差別禁止の機運が高まり1985年に「男女雇用機会均等法」が制定され、1999年には「男女が、互いにその人権を尊重しつつ責任も分かち合い、性別にかかわりなく、その個性と能力を十分に発揮することができる男女共同参画社会の実現」を

目的として「男女共同参画社会基本法」が制定されています。

　男女共同参画が社会全体で取り組むべき課題となり、早稲田大学では 2007 年 10 月 21 日、大学創立 125 周年のこの日、「早稲田大学男女共同参画宣言」を発表、翌年 12 月には今後 10 年間におよぶ「早稲田大学男女共同参画基本計画」を策定し、本学における男女共同参画が進められました。

　さらに、2012 年に策定された大学の中長期計画である「Waseda Vision 150」において「男女共同参画・ダイバーシティの推進」プロジェクトが発足すると、2016 年に男女共同参画推進室はダイバーシティ推進室へ発展的に改組し、学生支援組織としてスチューデントダイバーシティセンターが設置され、全学的なダイバーシティ推進体制が整備されました。このような状況を受け、2017 年 7 月 1 日「早稲田大学ダイバーシティ推進宣言」が公表されるに至ります。

　「男女共同参画・ダイバーシティの推進」は本学重要課題の一つとして位置づけられており、性別、障がい、性的指向、性自認、国籍、エスニシティなどに関わらず、「一人ひとりの多様性と平等を尊重」する本学の取り組みは、今後より一層進められることとなります。

ジェンダーとセクシュアリティの多様性

　わたしたちの性のあり方は、さまざまな要素から成り立っています。例えば、性的指向（誰に対して性的魅力を感じるか／感じないか）、恋愛的指向（誰に対して恋愛的魅力を感じるか／感じないか）や性自認（自身の性別を何だと認識しているか）、性表現（服装や行動などから表現する自身のジェンダー）などです。性的指向に関連するアイデンティティとして、A セクシュアル（アセクシュアルともいう）、レズビアン、ゲイ、バイセクシュアル、クィア、クエスチョニング、ヘテロセクシュアル（異性愛）などがあります。また、性自認に関連する性のあり方として、トランスジェンダー（出生時に割り当てられた性別とは異なる性自認をもつ人）やシスジェンダー（出生時に割り当てられた性別と一致する性自認をもつ人）などがあります。多様な性が尊重されるダイバーシティの考え方の中では、性的指向や性自認（Sexual Orientation and Gender Identity：SOGI）はそれぞれ独立した概念であること、そしてそれらの要素はすべての人がもっていることを理解することが必要です。

早稲田のアスリートとして、みんなで考えてみよう

　現在、女性カテゴリーで競技する学生は多く活躍しています。

　では、DE&I（多様性、公正、包摂）の視点で実態を見てみるといかがでしょうか。各部により部の運営、試合、練習の形態はそれぞれであると思いますが、その内容に問題はないか、これまでの慣習等にとらわれることなく皆さん一人ひとりが考えてみてください。

- 主将や副将、主務などの任務分担にジェンダーを基に役割を固定化していないでしょうか（お茶汲みや飲み会の席での御酌は「女子」、重いものは「男子」が運ぶなども同様）
- 「女性はこう」「男性はこう」などの性別規範に基づく考えを強要していないでしょうか
- 一人一人の健康課題やリスク（性徴に関連したもの含む）を鑑みず、練習プログラムを作っていないでしょうか（性ホルモンへの影響により起こる無月経や、骨粗しょう症など）
- 練習場所などが障がいの無い人だけに利用しやすい環境になっていないでしょうか
- ある一つの文化や慣習が支配しているコミュニティの中で、他の文化や慣習や考え方を低く見たり、自分たちの考え方のみが正しいということをアピールすることで自分たちの支配力を顕示するといった重大な侵害行為をしていないでしょうか（例えば、「男性社会」の中で「男同士の絆」を確認するために、女性を「物」や「道具」として低く見たり、異性愛者であることをアピールすることで自分たちの支配力を顕示する等）
- 自分や組織や社会の中の抑圧・差別に無自覚なまま、周縁化された人々（男性特権を持たない人、LGBTQ+の人、障がいのある人、日本社会に「属さない」とみなされてしまう人など）の尊厳を傷つけるような言動はないでしょうか

　まだまだ、実際に活動している皆さんが感じている課題はあるかもしれません。今後も早稲田大学は、こうした問題の解決にむけて取り組んでいきたいと思います。一緒に考えていきましょう。

スチューデントダイバーシティセンター／GS センター

　GS センターは、早稲田大学の LGBTQ+(性的マイノリティなど) 学生や、ジェンダー・セクシュアリティに関心のある全ての人々（アライ含む）の居場所であり、誰もが自由に利用できるセーファースペース／リソースセンターです。

　学生スタッフとのおしゃべりや、書籍や雑誌などのリソースを利用したり、イベントに参加することができます。また、ジェンダーやセクシュアリティに関する疑問や違和感、心配事などの相談に、守秘義務を厳守し、プライバシーを守って専門の職員が対応します。相談者のニーズに応じて学内外の適切な機関をご紹介し、可能な範囲で連携します。

　場所：10 号館2階 213

　開室時間：ウェブサイトをご覧ください。

　E-mail：gscenter@list.waseda.jp

　URL：https://www.waseda.jp/inst/gscenter/

2 ハラスメント防止

ハラスメントとは？

　一般的には、相手の意に反して行われる言動によって、相手に不利益や不快感を与えることをいいます。早稲田大学におけるハラスメント防止に関するガイドラインではハラスメントの定義を『性別、性的指向・性自認、人種、エスニシティ、国籍、信条、年齢、障がい、職業、社会的身分等に基づく不当な差別的取扱いや偏見に基づく言動、身体的特徴等の属性あるいは広く人格に関わる事項等に関する言動によって、相手に不利益や不快感を与え、あるいはその尊厳を損なうこと』と定めています。

　大切なのは「相手はどう思っているか、どう感じているか」です。そのためには、相手の気持ちを推し量る想像力と自らの言動を客観的に顧みる謙虚さが必要です。嫌がっていると気づいたらすぐにやめ、繰り返したり、押し付けたりしないこと。部内の仲間、指導者、周囲の友人等とハラスメントのない環境を保つことは、競技生活と学生生活の充実につながります。

アスリートの環境で発生しやすいハラスメント事例

セクシュアル・ハラスメント（セクハラ）：
- 体型、容姿などについてことさら指摘する。
- 卑猥な発言、性的な話題を話す。
- マッサージと称して相手の意に反した身体接触を強要する。
- 試合出場等を条件に性的関係を求めたり、相手の意に反して執拗な性的な誘い、親密な関係を迫る。
- セクシュアリティについての差別的言動。

パワー・ハラスメント（パワハラ）：
- 指導の一環と称して、暴力的行為を行う。
- 人格を侮辱、否定する発言を行う。
- 威圧するように大声で怒鳴り、人前で過剰に叱責する。
- 周りの人を取り込んで孤立させる。あからさまな無視をする。
- 物を投げつけたり、物を叩いて大きな音を立てる等して、恐怖感を与える。
- ケガなどで競技に耐えられる健康状態ではないにもかかわらず、無理な練習を強いる。

ハラスメントの影響

　ハラスメントを受けた人の心身の健康の悪化し、安心して学業やスポーツに打ち込める環境が損なわれてパフォーマンスが低下するだけではなく、チームや組織のモラル低下、社会的信頼の失墜をももたらします。

　早稲田スポーツを担うアスリートの皆さんは、この事を十分に理解し「**ハラスメントを　しない　させない　見過ごさない**」を実践する人材であることが求められます。

意識していますか、性的同意

　性的同意とは、すべての性的な言動において取られるべき同意をいいます。身体的な接触をする時はもちろん、性に関する話題を話す時も性的同意は必要です。競技上の必要や健康状態に関連した言及についても、どのように取り扱うべきか、日ごろからチーム内で同意に基づいたルール作りをしておくとよいでしょう。

ハラスメントを防止するために

(1)　**加害者にならない！「ハラスメントをしない」**
　　無自覚なセクハラ、パワハラをしていませんか？
　　⇒たとえあなたにハラスメントをしようという意識がなくても、相手にとってはハラスメントとなりえる言動はいろいろあります。「先輩だから許される行為」「仲間内だからこのくらいの発言は冗談のうち」はあなたの思い込みかもしれません。相手が "No" と言わないことが同意や合意の意味ではありません。自分の言動が相手にはどう映っているのかを客観的に振り返る習慣をつけましょう。

(2)　**被害者にならない！「ハラスメントをさせない」**
　　指導者や先輩からセクハラやパワハラを受けているのに「指導の一環だから仕方ない」「逆らったら（指導者や先輩との関係が悪くなる、競技が続けられなくなる」と我慢していませんか？
　　⇒我慢し続けると問題の解決が遠のきます。問題行動を早くやめさせることは、あなただけでなく相手やチーム、組織にとっても有益です。一人で抱え込まず、信頼できる人やコンプライアンス相談窓口あるいは外部相談窓口へ相談してみてください。

(3) **傍観者にならない！「ハラスメントを見過ごさない」**

部員からハラスメントにあっている相談を受けた、ハラスメントを見聞きしたといったことはありませんか？

⇒被害にあっている本人はなかなか声を上げられないものです。相談を受けたり、見聞きしたりしたら、早めにハラスメント防止室や本大学の外部相談窓口に相談するように勧めてください。見て見ぬふりは問題の解決を遅らせ、被害の拡大と解決への困難を生み出します。

相談窓口

【早稲田大学コンプライアンス相談窓口】

コンプライアンス相談窓口には専門のスタッフが常駐しています。寄せられた相談については、解決に至る方法を含めて本人の意思を尊重し、秘密厳守で対応します。

［相談窓口］コンプライアンス相談窓口

●学内窓口（コンプライアンス推進室）
［メ ー ル］compliance@list.waseda.jp
［開室時間］月〜金　9：30〜17：00
［U R L］https://www.waseda.jp/inst/harassment/

●学外窓口
［電　　話］0120-123-393
※英語・中国語対応可能
平日　8：30〜19：00　土曜日　8：30〜17：00
（日祝日・年末年始を除く）
［U R L］https://koueki-tsuhou.com/WFcxVtaEFdCd/
※詳しくはウェブサイトをご覧ください。

（早稲田大学ハラスメント防止委員会）

3 コンプライアンスについて

1.「コンプライアンス」とは

　最近、「コンプライアンス」という言葉を聞くことが多くなりました。各部でも、コンプライアンス研修が実施されることも増えました。では「コンプライアンス」とは、いったい何でしょうか？

　一般的に、「法令遵守」と訳されることが多いですが、実際は、法令だけではなく、各部のルールや社会のルールも守りましょうということが言われます。でも、ルール、ルールといわれると、皆さん、窮屈な感じがしませんか？ここでは、早稲田スポーツにおいて、「ルールを守る」とは何かを考えてみましょう。

2.早稲田スポーツにおいて、「ルールを守る」とは何か

　早稲田スポーツの特徴として、よく「自主性」が挙げられます。これは、卒業後グローバルリーダーとして社会において活躍、貢献することが期待される早稲田大学の学生が、この4年間において大きく成長するには、自ら主体的な活動を行うことが最も重要であると考えているからです。

　では、自ら主体的な活動を行う、ということはどういうことでしょうか。

　自ら主体的な活動を行う、というのは、自分勝手に自由に行動する、ということではありません。主体的に活動するのは、主将や主務だけでもありません。早稲田スポーツという集団で活動する以上、皆さんそれぞれが、他人の気持ちを尊重し、全体と調和していく必要があります。この意味では、早稲田スポーツに関わる者全員が、自ら主体的な活動を行うことを求められています。これが早稲田スポーツに求められるリーダーシップです（この本の「リーダーシップ」や「チームマネジメント」、「コミュニケーション」の箇所も参考にしてください）。

　そして、このような全体を調整する際に必要になるのがルールです。とはいえ、ルールは「守る」だけが重要な役割ではありません。むしろ、自ら主体的な活動によって、これまでのルールがなぜそのようなルールになっているのかを理解し、自分たちのルールはどうあるべきか考えていくことが最も重要です。

　この裏返しとして、早稲田スポーツでは、ルールだけによる学生の管理を考えているのではありません。体育会系の強みは、上下関係による秩序や忍耐力と言われます

が、本当にそうでしょうか。これは体育会系がルールによる縛りに忠実であったということですが、これでは単にルールに従うだけであり、ルールの理解、実践など主体的な活動を伴いません。早稲田スポーツにおいては、このようなルールの理解、実践など主体的な活動こそ重要であり、早稲田スポーツの強みと考えています。

　早稲田スポーツ体現者としての学生の皆さんには、このような「ルールを守る」ということの本当の意味を理解し、自らの主体的な活動に生かしてください。

3．学生スポーツにおけるトラブル事例

　それでは、具体的に、どのようなトラブル事例があるのでしょうか。

(1)　飲酒・喫煙・薬物関連

　未成年者が飲酒・喫煙をしてはならないということは、法律（未成年者喫煙禁止法・未成年者飲酒禁止法）で定められています。飲酒くらいいいのではないかと思うかもしれません、家でご両親と共に飲んでいるというような方もいるかもしれません。

　ただ、早稲田スポーツに関わる者の未成年者の飲酒・喫煙は、事柄の重大性から、大きな処分が下ります。本人の活動停止、学業における停学などはもちろんのこと、各部の複数人が関与している事例では、各部の活動停止、学業における停学、退学など、非常に大きな処分が行われます。

　また、他の部員に無理やり飲酒をさせる行為は、傷害罪、傷害致死罪が成立する可能性もあります。実際に、大学スポーツにおいて、傷害致死罪が成立したケースや飲酒強要が原因となって、部活動の無期限停止、日本学生選手権出場辞退に至ったケースもあります。

　近年の事例としては、薬物の問題もあります。薬物の危険性、使用が法令で禁止されていることは、当然知っていると思います。合法ドラッグ、脱法ハーブという名称で出回っていた薬物も、「指定薬物」として使用等が禁止されています。

(2)　暴力、暴言、パワハラ行為

　最近非常に多いのは、暴力、暴言、パワハラ行為です。

　重要な試合に向けてみんな頑張っている中で気合が入っていない学生、先輩に対してなめた態度を取る学生などを見て、ついカッとなって、手が出る。長時間にわたって叱責する。中には、陰湿ないじめが行われている場合もあります。皆さんの周りで、このような行為はないでしょうか。

暴力、暴言、パワハラ行為がなぜ問題か。

それは、一緒にスポーツを行う仲間を完全に否定する行為だからです。あなたには、いろいろな理由があるかもしれません。しかし、暴力、暴言、パワハラ行為によっては解決になりません。まわりの仲間にはそれぞれにスポーツを行う価値があります。暴力、暴言、パワハラ行為は、まわりの仲間のスポーツの価値を否定します。せっかく縁あって一緒にスポーツを行うことになった仲間ですので、お互いの存在を認め合い、仲間のスポーツの価値を尊重しましょう。

このようなことから、早稲田スポーツにおいて、暴力、暴言、パワハラ行為は、極めて問題性が高い行為と位置づけられており、対象者には、各部での活動停止、学業における無期限停学など非常に重たい処分が課せられます。

⑶ セクハラ・わいせつ行為

セクハラ・わいせつ行為もあります。

学生の皆さんには、出会いも多いでしょうし、大いに恋愛を謳歌してもらいたいと思います。しかし、節度を保った行動をすることを切に望みます。

自分は良くても、相手の同意がない場合は、問題になることもあります。恋愛も相手の気持ちがあって始めて成立するものです。

ひどい場合は、強姦・準強姦、公然わいせつ、強制わいせつ、痴漢等犯罪が成立する可能性があります。

相手の気持ちを尊重しないことは、スポーツの本質にも反するでしょう。よく考えて行動、発言してください。

⑷ 財産犯

財産犯の種類としては、窃盗、強盗、詐欺、恐喝及び横領等が挙げられます。万引きも窃盗であり、犯罪行為に違いありません。金額の多寡にかかわらず、犯罪行為であることに十分に留意してください。スポーツの現場で、他人の財布が置かれていることもあるでしょう。誰も見ていないこともあるでしょう。

ただ、そこで、早稲田スポーツに関わる者としてどのような行動に出るべきか、よく考えてください。バレなきゃいいはありません。財布を盗られた人は必ず誰かに相談します。警察に通報します。その場にいた人間が調べられます。結果、バレてしまいます。

クラブで男性会社員のポケットから7000円を盗んだとして逮捕された学生が所属する部が、全日本大会出場辞退及び無期限活動停止の処分を行った例もあります。

4. 刑事事件になると

刑事事件になると、非常に重い法的責任が生じることになります。

〔1〕 刑事責任（死刑・懲役・禁錮・罰金・拘留・科料）

〔2〕 民事責任（損害賠償の支払い・謝罪等）

報道で、「●大学●部所属の●容疑者が、居酒屋でその場に居合わせた客と口論になり、客に対して暴行を加え、全治●の加療を負わせ、傷害の疑いで逮捕されました。●容疑者は、容疑を認めているようです。」ということを聞いたことがあると思います。この場合、容疑者の●君には、上述の2つの責任として、以下の具体的な処分が考えられます。

〔1〕 刑事責任→傷害罪（刑法204条）：3年以上の有期懲役

〔2〕 民事責任→損害賠償請求をされる。

このことは、決して、テレビの中の話ではなく、明日は我が身であるということを忘れないでください。

高田馬場の居酒屋で、打上げ等の飲み会を行い、隣の席の客と口論になり……現実の話です。

5. さいごに

以上、早稲田スポーツにおいて「コンプライアンス」とは何か、「ルールを守る」とは何かを簡単に説明をしました。

単にルールに従うのではなく、自ら主体的な活動によって、これまでのルールがなぜそのようなルールになっているのかを理解し、自分たちのルールはどうあるべきか考えてみてください。きっと皆さんの大きな成長につながると思います。

（松本　泰介／小塩　康祐）

4 マスメディアとの関わりかたと SNS メディアの利用

マスメディア

■なぜアスリートはマスコミ取材を受けるのか

　マスメディア（マスコミ）は、世の中が知りたいことを取材します。つまり、アスリートの気持ちや考え方を知りたいという人達が世の中に存在して初めて取材の依頼があります。取材では、スポーツを通して感じたこと、学んだことを丁寧に伝えることで応援してくれている方々に応え、スポーツの持つポジティブな感情を世の中に伝搬させていくことが求められます。これは、試合と同様にアスリートが担う重要な役割です。また、マスコミ取材は競技や個人の認知だけでなく、大学のブランドにも直結します。大学の代表としてマスコミの前に立つということを忘れてはいけません。

■通常の話し方と、マスコミ対応の話し方の違い

　通常の会話は目の前にいる人が対象ですが、マスコミ対応では目の前にいるのは記者やアナウンサーで、本来伝えるべき視聴者・読者は目の前にはいません。目の前の記者がスポーツに詳しい20代の男性でも、視聴者は競技に詳しくないご年配の女性方の場合もあります。従って、マスコミ取材では目の前にいない視聴者・読者を想像しながら言葉を選ぶスキルが必要になります。また、生放送以外の取材では、マスコミ側による編集が行われた上で視聴者・読者に届きます。30分のインタビューで、使用されるのは10秒/1行程度ということもしばしばです。インタビューのどこを使用するのかはマスコミ側に決定権があるため、取材を受ける側は自分の伝えたい部分を編集で使ってもらえるよう準備が必要になります。

■マスコミ対応の準備と注意点

事前　●取材の有無を広報部、競技スポーツセンターなど関連部署に共有する

　　　●取材の趣旨を事前に確認し、チームや自分自身の伝えたい内容を短い文章にまとめておく

　　　●取材媒体の視聴者・読者がどのような属性（年齢、性別）かを想像しておく

当日　●服装、髪型など身だしなみを整えリラックスする

　　　●取材スタッフに対して礼儀正しく接する

　　　●結論・理由の順番で、短いセンテンスで区切って話すよう心掛ける

　　　●抽象的な表現を避け、数字を使うなど具体的に回答する

　　　●饒舌にならず、できるだけシンプルに回答する

　　　●相手チームや審判への批判は控え、ポジティブな内容を伝えるよう心掛ける

　　　●質問がわかりづらいときは確認し、わからないまま答えない

　　　●言葉につまったり、誤った情報を伝えた場合はやり直しをお願いする

　　　●重要な内容は繰り返す

事後　●取材後の編集内容は基本的には確認できないが、マスコミ側から確認依頼が来た場合は、数値など事実と違うことのみ修正を依頼する

　　　●マスコミでの実際の露出を確認し、情報に誤りがないか、どの部分が採用されて世の中に届いているかを確認する

■アスリートとしての心構え

　試合で勝利した後にインタビューを受けることが多々ありますが、国際舞台では勝者が敗者を称えるシーンを頻繁に目にします。勝利の喜びや仲間への感謝だけでなく、対戦相手へのリスペクトを伝えられるのもまたマスコミ取材の上手な活用方法です。アスリートとして伝えられること、伝えるべきことは何なのか、日常生活でも考え話し合ってみて下さい。

ソーシャルメディア（SNS）
■マスメディアとの違い

　友人の近況も、ニュースも休講の情報などもソーシャルメディアで入手する時代で、学生生活になくてはならないものになりました。ソーシャルメディアは、第三者の編集を介して世の中に伝わるマスメディアとは違い、自分達の意思とタイミングで情報をインターネット上に発信することができます。いつでも好きな時に好きな内容を全世界に発信できるソーシャルメディアは便利であると同時に誤った情報も不祥事もあっという間に広がってしまうリスクも持ち合わせています。

■ソーシャルメディアのメリット・デメリット

　ソーシャルメディアのメリットは、競技の知名度や順位に関わらず情報を発信することができ、試合速報などリアルタイム性が高いこと、双方向のやり取りが可能だということが挙げられます。また、マスコミ取材が多いアスリートにとっては、マスコミの編集により誤った伝わり方をしてしまった場合などに、ソーシャルメディア上で訂正や補足を行うことができるようになったことはとても有益です。一方で、誤った情報や不適切な情報が拡散することで活動休止など競技に支障がでたり、匿名の批判を受けることにより精神的に不安定になるデメリットもあります。

■ソーシャルメディアの注意点

　ソーシャルメディアの炎上の三大要因は

① 　ルール違反やマナー違反（公共の場での迷惑行為や、おふざけ等）

② 　対戦相手、審判などへの批判（審判の判決への不服やファンとの口論等）

③ 　不適切な動画や写真の投稿（他人のプライバシーを侵害したり、許可を得ていない写真や動画の投稿等）

　アスリートにはロールモデル（模範）としての期待が高く、一般学生では問題にならないレベルの投稿でも炎上する可能性があります。例えそれが匿名であっても、前後の投稿やフォロワーから本人が特定され晒されることも多々あります。大学や自分のブランドを貶めないよう、アスリートとしてふさわしい投稿かを見極めてから投稿する必要があります。また、炎上などのトラブルはどんなに用心しても起こるものです。炎上後の部活内での連絡経路や対応の手順をまとめ、万が一に備えておくことが得策です。

（糸川　雅子）

5 | アンチ・ドーピング

アンチ・ドーピングとは？

　ドーピングとは、競技能力を増幅させる手段（薬物あるいは方法）を不正に使用することです。アンチ・ドーピングはドーピングを禁止してドーピングを排除することです。

なぜドーピングは禁止されているのか？

　世の中のほとんどの人はスポーツ好きで、スポーツに魅力を感じています。ルールの下でフェアな競争をして勝敗を決めるのがスポーツです。スポーツの勝者はフェアな競争の勝者だから賞賛や尊敬の対象なのです。もし、スポーツがドーピングを認めてしまうと、フェアな競争ではなくなってしまうので、スポーツ本来の価値が失われることになります。スポーツの価値を守るために、ドーピングは禁止されています。

　そのほかに、ドーピングして薬物を使えば、選手自身の副作用の問題がありますし、社会の薬物汚染や青少年への悪影響も及ぼします。

なにがドーピングになるか？

　世界アンチ・ドーピング規程では、禁止薬物と禁止方法を決めています。ドーピング検査で禁止物質が検出されると処罰されます。原則として、対象となった競技成績は取り消され、1回目の違反では4年間の競技資格停止になります。

　ドーピング検査を拒否した選手もドーピングと見なされて処罰の対象になります。また、選手にドーピングをすすめた指導者やスタッフもドーピングとして処罰されます。

なにが禁止薬物か？

　世界アンチ・ドーピング規程では、禁止表を定めていて毎年改訂します。具体的な薬物が禁止されているかどうかを判断する場合は、その年の禁止表で判断しなければいけません。

　最新の情報は、公益財団法人 日本アンチ・ドーピング機構（JADA）のWebサイト（http://www.playtruejapan.org/）で入手できます。

禁止物質・方法：2023年 禁止表国際基準

S0. 無承認物質
S1. 蛋白同化薬
S2. ペプチドホルモン、成長因子、
　　関連物質および模倣物質
S3. ベータ2作用薬
S4. ホルモン調節薬および代謝調節薬
S5. 利尿薬および隠蔽薬

M1. 血液および血液成分の操作
M2. 化学的および物理的操作
M3. 遺伝子および細胞ドーピング

競技会外検査

S6. 興奮薬
S7. 麻薬
S8. カンナビノイド
S9. 糖質コルチコイド

P1. ベータ遮断薬

特定の競技で禁止

競技会検査

ドーピング検査とは？

　選手の尿や血液で禁止物質の存在を検査します。ドーピング検査は、試合後に行う競技会検査と事前通知無しで行う競技会外検査とがあります。採尿は検査員の監視下で行います。

(1) 注意が必要な医薬品やサプリメント

　かぜ薬、花粉症の薬、喘息の薬は禁止物質を含む場合が多いので注意が必要です。漢方薬やサプリメントにも禁止物質を含むものがあります。

ドーピング検査で尿を封入する容器

　ネットでは禁止物質を含むサプリメントや薬物が簡単に購入できるため、禁止物質を含むことを知らずに使用してドーピング違反となる例がでています。**サプリメントや薬物をネットで購入し、十分な確認もせずに使用することはアスリートにとって危険な行為であることを認識してください。**

JADAがアンチ・ドーピングの知識を持った薬剤師として認定したスポーツファーマシストは全国に12,000人以上います。JADAサイトから最寄りのスポーツファーマシストを検索できますので、医薬品やサプリメントはスポーツファーマシストに相談すると安心です（http://www3.playtruejapan.org/sports-pharmacist/search.php）。

また、オンラインで薬品が禁止物質に該当するか否かを検索できるサイト「global DRO」（http://www.globaldro.com/JP/search）もありますが、正確に薬品名を入力しないと誤った結果になりますので、十分な注意が必要です。

(2) 医師の治療で禁止物質を使う時

禁止物質を使わなければ病気の治療ができない場合は、「治療使用特例（TUE）」という書類申請をして使用許可をうけることができます。ただしその病気が禁止物質の代わりに禁止されていない薬物でも治療できる場合は許可されません。治療目的であっても、TUEを取得しないで禁止物質を使用すると違反になりますので、忘れずに申請してください。

アンチ・ドーピングについて、わからないとき

薬剤やサプリメントについて禁止薬物を含んでいないか？検査はどのように行われるのか？など、アンチ・ドーピングについての疑問や不安があるときは、スポーツドクターやスポーツファーマシストなどの専門家に相談しましょう。

（赤間　高雄）

Column 01

体育各部の活動に対する褒賞

体育各部の活動に対する褒賞として、小野梓記念賞、体育名誉賞（団体名誉賞・団体奨励賞・個人名誉賞・個人奨励賞・監督賞）があります。小野梓記念賞とは、学生褒賞の中で最も名誉ある賞です。体育名誉賞は、競技スポーツセンターが優秀な成績を収めた部・監督および部員個人に対し、部長の推薦に基づき選考のうえ、表彰しているものです。

小野梓記念賞メダル

メダルは、中央に小野梓を象徴する像がギリシャ風に浮彫りされ、縁にラテン語で VASEDA VNIVERSITAS・PALMA IN MEMORIAM AZVSA ONO（早稲田大学小野梓記念賞）と刻まれています。デザインは、早稲田大学名誉教授今井兼次が考案し、日展審査員で東京教育大学教授木村珪二が彫刻したものです。昭和41年度の受賞者から授与されています。

体育名誉賞メダル

早稲田大学体育名誉賞は、昭和23年度から優秀な成績をおさめた部に授与され、昭和32年度からは、部員のうち優秀な成績をおさめた者にも授与されるようになりました。

昭和34年に選考基準が制定され、主に全国制覇とみなされる試合・大会において優勝した部に「団体名誉賞」、または、それに準ずる部に「団体奨励賞」が与えられ、個人としては国際または全国大会において、世界または日本新記録の樹立や選手権の獲得、または優勝した部員に「個人名誉賞」、また、18歳以上21歳以下の国際大会において個人として所定の成績を収めた者に「個人奨励賞」が与えられます。

団体名誉賞は、部旗に付けるリボンが与えられ、個人名誉賞は、メダルが与えられます。このメダルは、今井兼次のデザインによるもので、群を抜いた進取の大鵬翼と勝利の栄冠を主題とし、それをめざし競う群鳥と端雲を配したもので、まわりのラテン語は学園名と「体育賞」を示しています。

（早稲田大学競技スポーツセンター）

WASEDA ATHLETE PROGRAM

Section 5

キャリア形成

1 | キャリア形成

キャリア*1と聞けば、仕事・成果・経歴等の言葉が思い浮かぶのではないでしょうか。

しかし、厚生労働省が提唱しているキャリアの概念*2は、「経歴」、「経験」、「発展」、さらには、「関連した職務の連鎖」等と表現され、時間的持続性ないし継続性を持ったものと捉えています。また、文部科学省では、キャリアの定義を、「人が生涯にわたって遂行する様々な立場や役割の連鎖及びその過程における自己と働くこととの関係づけや価値付けの累積」としています。つまり、キャリアとは、仕事・成果・経歴のみならず、「生涯を通した継続的な過程や生き方」を指しているのです。すなわち、キャリア形成とは、その仕事の経験を積むことという事だけではなく、その仕事に取り組む過程の中で身につける技術・知識・経験に加えて人間性を磨き続ける、あるいは、プライベートな面を含めて自分自身の生き方を磨き続けることといえるのです。

人が、個々のキャリアを評価するポイントとして、以下の3つの指標をあげることができるのではないでしょうか。1つ目は、技術や知識のレベルを示す「資格」という指標、2つ目は「学歴」や「経歴」という指標、3つ目は「人間性」という指標です。

私たち人間は、ヒトとして誕生後、周囲の多くの方々の影響を受け続けて成長します。特に、ヒトが大きな影響を受けるのは親ではないでしょうか。次に祖父母、さらに兄弟姉妹、先生、友人、同級生、先輩、後輩をあげることができるでしょう。様々な方々との深く親密な交わりの中で、さらに成功・失敗の体験をともに積み重ねることで、自分自身をよく知るようになり、自分自身が世界に一つしかない大切な個性であることに気づき、自分の良さを再認識し、それを磨き続ける過程で生き甲斐が生まれ、生活を通して生きざまが刻まれ、一生涯のストーリーができあがるのです。

どのような事にトライしても、自分の意思で行う限り、全ての経験が血となり肉となることでしょう。思い通りに自分の意思で本気で物事にトライしてみましょう。

さて、オリンピックや世界大会でメダルを獲得したアスリートに対しては、誰もがその努力と工夫と知恵の結晶であるキャリアを認めることでしょう。しかし、考えて下さい。現代において、「キャリア」とは成果だけではありません。その結果を出すための過程も含め、人間性や自分自身の生き方を磨きあげてゆく道のりが大切なのです。

したがって、メダリストの方々にとっても、スポーツに4年間を費やした皆さんにとっても、過去の栄光や実績のみならず、その後の生き方にこそ真のキャリア形成が

求められていると言っても過言ではありません。

　社会人としての生活がスタートし、スポーツに時間をかける時間が少なくなった、あるいは全く時間をかけることができなくなったとしても、スポーツで培った遺産（目標達成に向かって戦った精神と姿勢、チーム一丸となることの大切さ、リーダーシップとメンバーシップ、コミュニケーション能力、人脈）に複利の利子をつけて、さらに、大きな財産として築きあげることが大切です。

　WAPは、早稲田大学体育各部のアスリートの皆さんのキャリア形成を支援する多数のプログラムを用意しています。日本国内のみならず世界を舞台に大活躍された早稲田大学のOB・OGアスリートの講演は、現役アスリートにとって更なる高い目標を現実に感じ取ることができるまたとない機会です。是非参加しましょう。また、就職支援を目的とした就職活動ガイダンスや就職内定者による体験談セミナーも、希望する職種や方向性を決定づける上で欠かせないマターです。

　皆さんは、入学してから4年間の学生生活で、濃密な競技スポーツ体験とキャリア形成の座学体験を積み、いわゆる文武両道の成果をあげることができるのです。

　競技生活を全うした皆さんは、スポーツを見る観戦者・応援者、スポーツを支える指導者という立ち位置でスポーツに関わる可能性があります。広範囲にわたるスポーツ科学の専門的な知識を蓄えると同時に、人間性や競技スポーツの専門的な技術・戦術を構築して、チームを勝利に導く素晴らしい指導者となる方もいるでしょう。

　指導者の基礎的な資格はスポーツリーダーですが、競技スポーツの指導者としての資格には、他にコーチ1（旧名称は指導員で、共通科目Ⅰの講習が必要）、コーチ2（旧名称は上級指導員で共通科目のⅠ・Ⅱが必要）、コーチⅢ（旧名称はコーチで、共通科目Ⅰ・Ⅱ・Ⅲが必要）、コーチ4（旧名称は上級コーチで、共通科目Ⅰ・Ⅱ・Ⅲ・Ⅳが必要）があります。

　なお、早稲田大学スポーツ科学部は、日本スポーツ協会が承認する、共通科目免除申請校です。同制度は、スポーツ科学部学生が卒業前に既定の手続きを申請すれば、スタートコーチ、コーチ1・同2・同3の共通科目の講習が免除されるというものです。ただし、この手続きは卒業前に実施することで適用されます。皆さんの今後の活躍を大いに期待しています。

＊1：「キャリア」：https://www.manpowergroup.jp/column/career/140620_01.htmlを参照。
＊2：厚生労働省『キャリア形成を支援する労働市場政策研究会』報告書を参照。

　　　　　　　　　　　　　　　　　　　　　　　　　　　　　　（葛西　順一）

2 | 人生設計・デュアルキャリア

　学生アスリートの皆さんは、「アスリート」として、「1人の人」として、達成したい目標や夢はありますか？

　おそらく皆さんの多くは、選手としての明確な目標は既にお持ちかと思います。一方で、1人の人として達成したい目標に関しては、具体的ではなく、将来に不安を抱えている人も多くいるのではないでしょうか。私自身の元アイスホッケー選手としての経験と競技引退後に関わってきた現役アスリートの就職支援の経験上、多くのアスリートが競技引退後のことを考えると、「スポーツ以外の環境で自分の能力が通用するのか」、「競技以外に本当にやりたいことが見つかるのか」などの様々な将来に対する不安を少なからず感じている人が多いように思います。

　2018年、**早稲田大学競技スポーツセンターのスポーツ・アドミニストレーターとして**フロリダ大学を訪問した際、学生アスリートの学業支援担当ディレクターが、「いかなる超人的アスリートであっても年齢的限界があるが、学位はいったん取得すれば生涯奪われることがない。その後の人生のために扉を開きうるし、常にチャンスを与えてくれる。」と話されていたことが印象的でした。学生アスリートの皆さんは、スポーツ選手である前に学生なのです。

　アスリートである以上、競技特性や個人差はありますが、遅かれ早かれ、誰にも現役を引退する時が必ず訪れます。競技を引退する時に、競技生活に悔いなく競技で培った能力を活かし、不安なく新たな道にスムーズに移行していくためには、自身が描く将来像に向けて、文武両道を実践しながらしっかり準備を進めていくことが鍵になります。そうすることで、セカンドキャリアでも様々な分野で必ず活躍することができます。私は大学卒業後に競技力向上を目的に単身で渡欧しました。オリンピアンでもあるスイスの元チームメイトは、当時競技で一緒に汗を流しながら、弁護士や医師などの道を目指して勉学に励んでいました。そして、実際に上手くバランスを図りながら、オリンピックでの成功と人生の目標を達成したのです。

　それでは、実際にどのように人生設計を立て準備をしていけばよいのかを考えていきましょう。

　まず、自分らしく充実した人生を送るためには、自分自身の強みや弱み、興味や関心、人生における優先順位を整理し、「自分を知る」ということです。その際に、皆さんの周りにいる家族や友人や体育各部部員にも自分がどう見られているのかを聞いてみるとさらに整理することができるでしょう。加えて、自分自身の興味や関心は、もしかすると、普段から関わりのある限られた世界だけかもしれません。大学内外の様々なネット

ワークや学内プログラム等の機会を積極的に活用し、多様な価値観に触れ、新たな自分の可能性を広げていってください。私が欧州でプレーしていた3年間に特に意識して行動していたことは、練習や試合以外の時間は、スポーツ以外の分野の人たちと積極的に交流を図ったり、ヨーロッパの歴史や文化に触れたりすることでした。そうすることで、自分自身が人生において大切にしたい価値観を見つけることができました。

　次に、「自分を知る」ことの作業を通して将来の方向性が決まれば、そこに向けて目標を達成するための「綿密な計画」を立てていきます。ここで大切なことは、最終的な目標は曖昧なものではなく、自分自身がいつまでにどのようになっていたいかといった具体的な目標を設定することです。その上で、最終的な目標に向けて、現在の自分自身の状況を明らかにし、目標を達成するためにはどのようなスキルや知識やネットワークが必要かを考えていきます。その情報を整理することができれば、目指す目標に向けて、段階的な行動計画を立てることが可能になるでしょう。私は、出場できれば26歳で迎えるオリンピックを競技生活の集大成として目標に設定しました。そして、セカンドキャリアはグローバル社会で活躍できる人材を目指したいと考え、競技と人生の両方の目標を達成できる可能性がある場所で武者修行に励みました。具体的な目標があったので、そこに向けて1年1年やるべき事を明確にして行動に移すことができました。

　しかし、学生アスリートとして、学業と競技を両立していくことは決して簡単なことではありません。1人の人として、アスリートとして達成したい目標の実現に向けて、両方の人生を同時に歩んでいる訳ですから、時期によってはどちらかに費やす時間の比重が高い時もあるでしょう。そして、時には計画通りに物事が進まないこともありますが、人生の軸があれば両方において高みを目指していくことが可能であることを忘れてはいけません。競技人生も競技引退後の人生もより豊かにしていけるかどうかは、将来を見据え、自分自身でやるべき事の優先順位を付け、今の時間を有効に使っていけるかが鍵になります。

　最後に、競技を引退し新たな道に進む時、最初から全てを知っている必要はありません。大事なのは、最初の一歩を踏み出す勇気です。新しい環境でスタートを切ることはどんなに準備をしてきても不安はつきものですが、競技を通じて身に付けたスキルは、他分野にも横展開することが可能ですし、新たな環境で分からないことを正直に分からないと聞けることがあなたの強みになります。私は25歳で競技を引退し、就職しました。当時は、右も左も分からず想像以上に大変な毎日でしたが、競技と同様に仕事に対する短・中・長期的な目標を設定して、それに対する必要な知識を身に付けていったことで、やりがいを持って仕事に取り組むことができました。

　学生生活を通して、皆さんの将来の可能性の場が広がり、興味や関心のある分野で活躍ができるよう、目標を高く持ち充実した日々を送ってください。

（髙嶋　遥）

『アスリートが社会を支える存在へ』

倉田 秀道

アスリートの皆さんは、多くの人々と異なる努力・経験をしていると思います。学内においても全学生数に対するアスリート登録数は10%未満です。その意味では、特別な存在と言えるのかもしれません。

一方で、アスリートは社会の一員であることに変わりはありません。

これは国際スタンダードですので、まず、このことを共通認識として共有しましょう。

自らの価値に気づく

アスリートの皆さんは、それぞれの競技レベルに応じた目標を設定し、目標達成に向け、悩み・苦しみ、工夫と努力を繰り返してきたはずです。皆さんが実践を通して身につけたスキル・感覚・工夫・知識などは、いわゆるトップアスリートを目指してきた人にしかわからないことも多々あると思います。

また、アスリートは、組織づくり、チーム運営、リーダーシップ、キャプテンシー、勝つための戦略・戦術など、企業における経営や営業推進にも通じる視点を高いレベルで持ち合わせていると言えます。

近年、スポーツは、高度な競技力のみにフォーカスされることなく、それに付随する背景や過程にも注目されるようになってきました。今やスポーツはそういったポジションに移行されています。学術的にも、アスリートが困難に直面した際の向上プロセスに優位性があると示されています。

スポーツの強化現場を経験した皆さんは、競技そのものから生み出される効果、競技に向き合うあらゆる過程で生み出される効果があることを知っているはずです。それは社会にとって重要なファクターでもあります。

まずは、皆さんが努力を継続してきた過程、その知見に大きな価値があることを認識してください。アスリートのみならず、主務、マネジャー、チームスタッフなど、チームに関わる全ての皆さんがその対象であることは言うまでもありません。

スキル形成の重要性

アスリートの皆さんは、目標設定・練習計画・ピリオダイゼーションなど競技力向上に関わるプロセススキルを習得していることでしょう。

近年、競技力向上のみならず、人間力向上も同時並行で求められています。これは、アスリートは社会の一員であるという所以でもあります。

人間力向上に関わるスキルは、競技スキルと表裏一体で「ライフスキル」と言われ、医学・科学・心理学・教育学・社会学・経営学など多面的な領域に及ぶものです。一端を示すと次のようなものがあります。

・コミュニケーションスキル

- ポジティブシンキングスキル
- 食事スキル
- スリープスキル
- 目標設定スキル
- マネジメントスキル
- チームビルディングスキル
- リーダースキル
- ソーシャルスキル　などなど

皆さんが将来のキャリアを展望する時、そこには、強化現場にあるコーチング領域・医科学領域等と、強化を支える仕組み・役割などいわゆるスポーツマネジメント領域を融合して考えることが求められます。

その礎となるのは、これまでのキャリアスキル形成が大きく影響することは言うまでもありません。

オリ・パラの垣根のない世界を理解(D&Iの視点)

2013年に東京オリンピック・パラリンピックの開催が決定した以降、パラリンピック・パラアスリートにも注目が集まってきました。可能性を信じて競技に向かう姿はオリンピックアスリートもパラリンピックアスリートも同じです。なにより、オリ・パラでひとつのワードとなっています。パラリンピックの歴史を紐解くと、1948年、医師ルードウィッヒ・グッドマン博士の提唱によって、ロンドン郊外のストーク・マンデビル病院で開催されたアーチェリー競技会に遡ります。私たちは、パラリンピックを通じて、社会環境、障がいを持つ人々のことを考える機会を得、ダイバーシティの理解が進展しました。皆さんも同じアスリートとして、社会生活に重要なダイバーシティ＆インクルージョンの視点を持っていただきたいです。

グッドマン博士の言葉、"失われたものを数えるな。残されたものを最大限に生かせ"。ぜひ、知っていただきたい言葉です。

アスリートの知見を社会還元するための基本的な考え方

私の選手指導と社会経験から、皆さんには4つの基本的な考え方を理解していただきたいと思います。

1つは、スポーツとは何だろう、社会にとってスポーツとはどういう存在なのであろうか、ということを考え、自らがそれに向き合うことです。

2つめは、これまでの自身のスキル形成を振り返ることです。

3つめは、社会課題を知ることです。

4つめは、ダイバーシティ＆インクルージョンを理解することです。

アスリートは社会の一員

これまで蓄積された競技スキル、ライフスキルを自分のものとして、皆さんそれぞれのライフデザインを描いてください。競技生活を継続する場合、引退して異なる道に進む場合、さまざまな道があるでしょう。

これまでさまざまな支援を受けてきた皆さんが、今度は社会の一員として多くの人々を支えることを考えることになります。

自身が社会に対して何ができるのか？を考える基礎は『社会課題、地域課題への対峙』であろうと思います。

国や自治体では、地域住民や子どもたちに「アスリートの生の声を聞かせたい」「目標を持つこと・努力することの大切さを理解させたい」と、アスリートとの交流などスポーツ

を通じた機会を設けることが多くあります。また、パラスポーツを通じて共生社会の理解促進を促す機会を得ることも進展しています。このことは、地域において、スポーツが地域課題に呼応することを示していると言えます。

企業では、組織マネジメント、社員のモチベーション、社内の一体感醸成に向けて、スポーツを用いることが多々あります。よくみれば、社会人のアスリートを支え、大会を支えているのは企業です。

個人でできること、仲間とともにできること、所属企業としてできることなど、それぞれの環境の中に方法論は内在しています。

皆さんは応援される選手であったはずです。だからこそ、応援された分を社会に還元することが求められます。

自身の経験や持っている強みを生かして、できことからコツコツと社会還元を積み上げてください。それこそが、アスリートが社会を支える第一歩なのです。

皆さんそれぞれが、「自身が社会に対して何ができるのか」を常に考えられる人材に成長されることを願ってやみません。

北京 2022 オリンピック　ノルディック複合団体銅メダル
（写真提供：永井秀昭選手）

倉田 秀道（くらた ひでみち）

1984年早稲田大学社会科学部 卒業、2016年早稲田大学大学院スポーツ科学研究科 修了
早稲田大学スキー部監督として長きにわたり指揮を執る。40 年ぶりの大学日本一に導くとともに、オリンピック 23 選手・パラリンピック 2 選手を輩出。北京 2022 オリンピックのノルディック複合団体では渡部暁斗選手をはじめ銅メダル 4 選手ほか、同パラリンピックではパラアルペン金メダル村岡桃佳選手ら、教え子9選手が出場。

PROFILE

早稲田大学スキー部 監督（2003 年〜2016 年）、早稲田大学客員教授、公益財団法人日本オリンピック委員会 強化委員、公益財団法人全日本スキー連盟 クロスカントリー部強化委員、ナショナルチームスタッフ、公益社団法人全日本学生スキー連盟常務理事

〈現職名〉
あいおいニッセイ同和損害保険株式会社 広報部スポーツチーム統括兼経営企画部 特命部長
上智大学客員教授
早稲田大学コーチング研究所研究員

Column 02

「主体的にスポーツと向き合う」

芦田 創

Section5 キャリア形成

　みなさんが取り組まれているスポーツには、自身にとってどのような意味合いがあるのでしょうか？今一度、問いかけてみてください。

　私にとってスポーツは、人生を彩る自己表現であり、人生を楽しむ選択肢の一つであると考えています。そのため、思考や行動が常に主体的であることを意識しています。

　私は幼少期に右腕に病気を患い、10年以上

の闘病の過程で機能障害を負いました。その後の人生では、負った障害に対して「自分自身はいかに己の障害に負けない生き方ができるか」という想いが原動力となっています。

　たまたま障害と出会った人生、たまたま陸上競技と出会った人生なのかもしれませんが、その偶然を必然だと捉え、運命的に生きようとしたのは他の誰でもなく私です。

　障害を偏見ではなく尊重に、かわいそうからかっこいいに、価値観を少しでも変えことができるかもしれない。そんな内なる想いを具現化するため、スポーツという手段を使って、私はパラリンピックで勝つというアスリート目標を決意しています。

　こうした主体的にスポーツに向き合う姿勢を、私は早稲田で学び、考え、確立していきました。

　みなさんが早稲田スポーツを通して、人生をより主体的に、より豊かにされることを祈念しております。

PROFILE

芦田 創 （あしだ はじむ）
1993年生まれ、兵庫県丹波市出身
2016年早稲田大学政治経済学部卒業
競走部 OB
トヨタ自動車株式会社所属

125

3 | 早稲田大学の 就職活動支援・教員就職支援

早稲田大学キャリアセンターが行う就職活動支援

　学生の大きな関心事のひとつに就職活動があります。しかし、部活動が忙しくて就職活動をしている時間がない、企業研究や面接対策をしている時間がない、そのため自分は希望の会社から内定が得られるだろうか、と不安な人もいると思います。

　そのような人は、キャリアセンターが行っている就職活動支援を活用しましょう。

⑴　就職活動準備講座・対策講座

　就職活動の基本的な情報から、実践的な内容までを網羅する各種セミナー、優良企業を招いて行う「業界企業研究フェア」、「公務員関連講座」、外国人留学生対象就職支援ガイダンスなどの行事を行っています。

⑵　みらい設計支援行事（低学年向け）

　主に低学年の学生を対象に、キャリア形成の考え方、学生時代の過ごし方（心構え、早稲田大学にある資源・チャンスをどう活かすか）等自身の将来や進路選択・職業選択を考える機会を提供しています。

⑶　就業体験プログラム

　キャリアセンターでは「提携プログラム」として、優良なプログラムを提供する受入機関と学生を仲介し、就業体験を行う機会を提供しています。実習前後の指定セミナーの受講により、事前準備と振り返りができるため、高い就業成果が期待でき、キャリアセンターが仲介するため安心して就業できます。

⑷　キャリア・就活個別相談

　進路や就職に関する相談について、キャリアセンター職員や専門相談員が親身になってお答えします。履歴書や企業のエントリーシートの書き方や面接での答え方などについて第三者視点でフィードバックすることもできます。英語相談、障がい学生相談、博士相談もあります。

(5) Waseda Moodle「キャリアセンター提供コンテンツ」

キャリアセンターが実施したイベントアーカイブや、求人情報、就職体験記等が掲載されています。就職活動にご活用ください。

(6) 企業・求人情報紹介

早稲田大学には、年間約18,000件の求人があります。その情報は、MyWasedaのメニューから閲覧できます。

(7) 就職活動体験記

MyWasedaのメニューから、内定した先輩の体験記を読むことができます。先輩が経験した企業ごとの選考の詳細がわかります。

(8) 図書の閲覧と貸出、資料の閲覧

業界や企業の研究をしたい、筆記試験対策をしたい、という人のために、就職関連図書の閲覧と貸出を行っています。また、過去の就職データ、企業パンフレットなどの閲覧ができます。

(9) LINE オープンチャット

就職活動を行う早大生同士の情報交換の場をキャリアセンターが提供しています。詳しい登録方法はキャリアセンターホームページを参照してください。

(10) Twitter

キャリア関連情報をツイートしています。
https://twitter.com/waseda_univ_cc

〜 キャリアセンターからのアドバイス 〜

企業は体育各部と似ているところがあります。それは、一人ひとりが力を出し、組織の目標に向かっていくというところです。企業の採用担当者は、あなたが部活動で自分を向上させるために日々努力したこと、そして部のために取り組んできたことを聞きたいと思っています。それらをそのまま採用担当者にしっかり伝えることがポイントです。

早稲田大学キャリアセンター

学生会館3階（戸山キャンパス）
www.waseda.jp/inst/career/

競技スポーツセンターが行うキャリア形成支援

　競技スポーツセンターでも体育各部部員を対象とした就職活動支援の行事を実施しています。就職活動説明会や合同企業説明会など、体育各部部員を対象とした内容にアレンジした内容となっています。

教員になるには

　教員になるためには、原則として、「教員免許状」の取得が必要になります。免許状の取得にあたっては「教職課程履修の手引き」を参照してください。免許状の取得と共に教員採用試験の受験も必要となります。公立学校、私立学校によって実施方法が異なりますので、教職支援センターや教員就職指導室（以下参照）に相談してみてください。

教員就職指導室

　教員就職指導室には、学校現場での長い勤務経験のある 3 人の専属アドバイザーがおり、教員志望の学生に特化した就職サポートを行っています。ここでは、論文指導、面接指導、模擬授業・指導案作成の指導が受けられます。また、大学に届いた求人情報の閲覧も可能です。

[対象] 早稲田大学学部生・大学院生・卒業生

　　　　（早稲田大学キャリアセンター／教育・総合科学学術院／競技スポーツセンター）

WASEDA ATHLETE PROGRAM
Section 6

アスリートの生活管理

傷害予防と体力向上

1 | アスリートの健康を支えるアスレティックトレーナー

　近年、スポーツの現場では、監督やコーチ以外にアスリートの健康を支えるトレーナーの存在がクローズアップされるようになってきました。トレーナーと一言でいってもその資格・免許と活動範囲は多岐にわたるので、ここではトレーナーの資格・免許、そしてトレーナーの活動現場に分けて解説し、トレーナーの全体像が把握できるようにします。

トレーナーの資格・免許

　トレーナーの多くは活動にあたって資格や免許を保有しています。ここでいう資格とは「一定以上の条件を満たす技能を有した人に対して任意の団体によって与えられるもの」であり、一方、免許とは「一定以上の条件を満たす技能を有した人に対して国家によって与えられるもの」です。自分自身の健康管理に関わるトレーナーがどのような資格・免許を保有しているのかを確認することは、自分自身の健康管理に関わることゆえ実に大切なことです。

⑴　トレーナーの有している主な資格

　日本のスポーツにおいてトレーナーとして活動する人が有している主な資格JSPO-ATは日本スポーツ協会が、BOC-ATCは米国資格認定委員会が、そしてCSCS、NSCA-CPTは全米ストレングス＆コンディショニング協会がそれぞれ認定しています。受験資格はJSPO-AT、BOC-ATC、CSCSは大学や大学院などで所定の教育課程を修了した者、NSCA-CPTは18歳以上の者に与えられます。JSPO-ATやBOC-ATCはアスレティックトレーナーとして活動しています。JSPO-ATの特徴は、スポーツ現場での応急対応、外傷・障害予防や健康管理、リコンディショニングやコンディショニングにいたる幅広い知識と技能を有していることです。BOC-ATCは、資格とは別に居住州で免許も保有することで、米国内の活動においては医療チームの一員として治療的介入ができるなどの特徴があります。CSCS、NSCA-CPTは日本をはじめ、現在では世界78の国と地域において会員が活動しているストレングス＆コンディショニングに特化した資格で、科学的知見に基づいたトレーニング方法の開発・指導と普及に努めています。その他の資格として日本柔道整復師協会が認定するトレーナー資格、日本トレーニング

指導者協会が認定する指導者資格、カナダアスレティックトレーナーズ協会が認定するアスレティックセラピスト資格などがあります。

⑵　トレーナーの有している主な免許

　日本のトレーナーが有している主な免許としては、「はり師、きゅう師、あん摩マッサージ指圧師」、「柔道整復師」、「理学療法士（PT）」があげられます。いずれの免許も所定の教育課程を経た後に受験する国家試験（厚生労働省）に合格した者に対して付与されます。「はり師、きゅう師、あん摩マッサージ指圧師（以下、針灸マッサージ師）」、「柔道整復師」は歴史的にも日本のスポーツを支えてきた人たちで、特に痛みの軽減や筋・骨格系のトリートメントに多大な貢献をしてきました。最近は、米国においても「針灸マッサージ師」の技能が評価されはじめ、プロスポーツチームに雇われたりパーソナルトレーナーとして活躍したりする人も出てきました。PTは技能的な特徴である物理療法や運動療法を活かして特にアスリートのリハビリテーションに力を発揮しています。

⑶　各専門職の連携

　かつてはそれぞれの専門職がそれぞれの立場で単独でアスリートを支援する形態が主でしたが、近年ではスポーツ医学の知識をもった医師が「診る」、理学療法士など医療等資格者が「治す」、アスレティックトレーナーが「整える」、ストレングス＆コンディショニングスペシャリストが「鍛える」という観点で連携し、統合的にアスリートを支援する動きが活発化しています。東京オリンピック・パラリンピックの選手村で、これまでのオリンピック史上で初めて、上述した専門職連携体制が公式に運用されたことがその契機になっています。

トレーナーの活動現場

　トレーナーが活動する主な現場としてはプロスポーツ、実業団スポーツ、大学・高校スポーツ、フィットネスクラブなどがあげられますが、近年、クラブスポーツや病院、治療院、個人アスリート（パーソナルトレーナーとして）、中学校スポーツ、そして一般企業の健康管理部門も活動の対象として広がりを見せています。

(1) プロスポーツ

　日本では「プロ野球」がトレーナーの活動現場として最も長い歴史を持っており、トレーナーの多くが針灸マッサージ師の免許保有者でした。しかし、近年、JSPO-AT、BOC-ATC、PT、それにCSCSなど多彩な資格・免許保有者が加わるようになって来ました。「Jリーグ」でも同様にJSPO-AT、BOC-ATC、CSCS、PT、針灸マッサージ師が活動しています。

(2) 実業団スポーツ

　近年、実業団スポーツではフルタイムのトレーナーが雇用され活動する機会が増えました。一部のスポーツではパートタイムのトレーナーしか雇用されていない現状もありますが、トレーナーの必要性が認識され、徐々に活動の幅が広がりつつあります。

(3) 大学スポーツ

　米国ではリーグ戦などの競技会に参加するためには大学側がフルタイムのトレーナーを雇用し、全ての部活動のアスリートを支援する義務があります。日本では部単位でフルタイムのトレーナーを雇用している大学もありますがそれはまだまだ少数派（全国レベルの部活動に限定）で、ほとんどの部活動にはパートタイムのトレーナーさえいないのが現状です。最近では、大学当局がフルタイムのトレーナーを雇用するケースが出てきましたが、支援対象の部活動は限られているようです。アスリートとしてはトレーナーの資格や免許だけでなく技量も十分に見極めてから自分の健康管理を託すようにしましょう。

(4) 高校・中学校スポーツ

　米国では州によっては法律で高校にフルタイムトレーナーの配備が義務づけられていますが、日本では強豪校の部でパートタイムとして雇われている程度です。しかしながら、多感な成長期にあるこの年代のアスリートを心身両面から支えることのできるトレーナーの必要性・重要性はこれまで以上に高まってくることでしょう。運動部活動の地域連携が進むなか、地域スポーツの安全・安心環境の実現においても、トレーナーの貢献が期待されています。

（広瀬　統一）

2 スポーツ活動で生じる外傷・障害

　スポーツで生じるケガはスポーツ外傷とスポーツ障害に大別できます。スポーツ外傷は足関節捻挫、骨折、肉離れのように、筋・腱・靭帯・骨などがもつ強度を著しく越えるようなストレス（機械的刺激）が組織に加わって生じる損傷です。スポーツ障害は膝蓋靭帯炎や筋・筋膜性腰痛のように、身体各部位の特定の部位に細かなストレスが繰り返して加わることで、徐々に痛みを発するものです。

スポーツ外傷からの競技復帰

　スポーツ外傷の受傷後から競技復帰までには、大きく3つの過程があります。1つはケガをした直後、次に日常生活が円滑に行えるようになるまでのリハビリテーション、そして競技活動に見合った各種の機能・動作・体力を獲得するまでのリコンディショニングの過程です。これらの過程はアスリート一人で行えるものではありません。リハビリテーション過程は主に医師や医療等資格者の指導のもとに、リコンディショニング過程はアスレティックトレーナーや医師、医療等資格者と連携しながら進めて行きます。

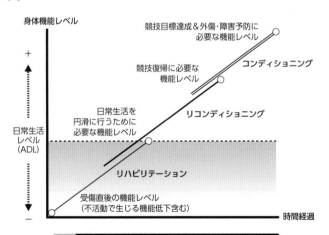

図1 アスリートのスポーツ外傷からの競技復帰とフィジカルパフォーマンス向上の過程

外傷受傷後から競技復帰までの過程をさらに細かく段階分けすると、保護期・訓練前期・訓練後期・復帰準備期・再発予防期の5つのステージに分類されます（**表1**）。それぞれのステージに見合ったトレーニングを行うことが、円滑な競技復帰と再発予防にとって重要です。（**表1**）

表1　スポーツ外傷受傷後から競技復帰の流れ

	状態	目的	方法	リスク管理
保護期	外傷受傷直後	患部の保護 二次障害の防止 医師の診察	外傷・障害評価 応急処置（RICE処置） 自宅での適切な過ごし方	適切な評価 適切な肢位でのRICE処置 医師との連携
	炎症症状の憎悪期	炎症症状拡大防止 二次障害の防止 筋スパズム緩和	RICE処置 自宅での適切な過ごし方 物理療法	適切な評価 適切な肢位でのRICE処置 医師との連携
訓練期（前期）	炎症症状治癒促進	関節可動域の維持 筋力の維持 体力レベルの維持	物理療法 関節可動域訓練 段階的な荷重 筋機能回復エクササイズ 患部外トレーニング	適切な患部の状態評価 患部にストレスを加えない（適切な保護下でのエクササイズ実施） 医師との連携
訓練期（後期）	炎症症状の消失期	関節可動域の改善 日常生活動作の獲得（歩行動作など） 筋（持久）力の改善・強化 バランス能力の改善・強化 体力レベルの向上	物理療法 可動域訓練 歩行訓練（荷重漸増） 筋力トレーニング バランストレーニング 持久力トレーニング（自転車→ジョギング） 患部外トレーニング	適切な患部の状態評価 患部を保護しての運動 段階的負荷設定 医師との連携
復帰準備期	グランド・コートレベルの運動可能	競技復帰にむけた準備 基礎体力の強化 専門体力の改善・強化 専門動作の獲得・改善	筋力トレーニング バランストレーニング ランニング→スプリント 方向転換動作(アジリティ) ジャンプ動作 対人動作 競技特異的動作の改善・強化	適切な患部の状態評価 患部保護下での運動療法 傷害受傷危険肢位に対する配慮 医師との連携
再発予防期	競技復帰後	外傷・障害の再発予防	セルフコンディショニング ウォーミングアップ クーリングダウン	外傷・障害予防のための正確な動作 継続的な機能の維持・改善

RICE処置：安静・固定（Rest）、冷却（Icing）、圧迫（Compression）、挙上（Elevation）の4つの手順を示す

リハビリテーションやリコンディショニング実施上のリスク管理

　リハビリテーションやリコンディショニング中あるいは競技復帰後に再発しないためのリスク管理は極めて重要です。また、受傷した外傷が要因となり他の部位に外傷や障害が生じる、二次損傷の予防も必須です。そのためには以下の5つの点に注意する必要があります。（**表2**）

表2　リハビリテーション・リコンディショニング

医師との連携	外傷・障害の特徴や患部の症状、状態に関する医学的情報を医師から得ながら、状態に見合ったエクササイズを行います。
段階的プログラム	エクササイズの負荷を少しずつ高めていきます。リハビリテーション過程を5つのステージに分類して段階的に実施することと（表1）、それぞれのステージのエクササイズ負荷を段階的に高めていくことが重要です。
患部外エクササイズ	円滑に競技復帰し、かつ再発を予防するために患部外トレーニングを行って競技に必要な各種機能や体力を高めていくことが重要です。
外傷・障害特性の考慮	各種外傷・障害の発症要因となる機能低下や動作不良を分析して改善することが競技復帰と再発予防にとって重要です。必ず医師やアスレティックトレーナーなどと連携して自身の外傷・障害の特性を把握しておきましょう。
競技特性の考慮	円滑な競技復帰と再発予防のために、アスレティックリハビリテーションを通じて適切に専門動作や専門体力を獲得しておくことが必要です。

スポーツ外傷・障害の予防・再発予防

　スポーツ外傷・障害にはそれぞれ特有の発症肢位と発症要因があります。

- ●発症肢位：どのようにケガが生じるか
- ●発症要因：なぜケガが生じるか、なぜ発症肢位をとってしまうか

　足関節捻挫（外側型）を例にすると、この外傷の発症肢位は「足首を内側に捻る」です（**図2**）。そのため、ジャンプからの着地や切り返し動作中につま先と膝を同じ方向に向けるなど、足首を内側に捻らないように動きを改善することで予防が見込めます。一方、発症要因として身体内の要因であるフォーム・足関節や体幹部の筋機能・足関節可動域・バランス能力などの機能低下に加えて、不適切なシューズなどの外的要因も影響します。専門家と連携しながら自身の発症要因を分析して継続的に改善することが外傷予防にとって重要です。このような取組をプリハビリテーション（プリハブ）とも呼びます。

図2

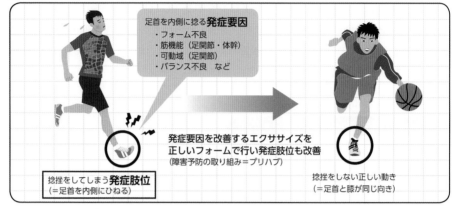

足首を内側に捻る**発症要因**
・フォーム不良
・筋機能（足関節・体幹）
・可動域（足関節）
・バランス不良　など

発症要因を改善するエクササイズを
正しいフォームで行い発症肢位も改善
（障害予防の取り組み＝プリハブ）

捻挫をしてしまう**発症肢位**
（＝足首を内側にひねる）

捻挫をしない正しい動き
（＝足首と膝が同じ向き）

スポーツ活動中のケガは防げる！ Waseda Online より
(http://www.yomiuri.co.jp/adv/wol/opinion/sports_150119.html)

　この考えはスポーツ障害予防や再発予防にも当てはまります。スポーツ障害は「オーバーユース症候群」とも呼ばれ、練習負荷の過多による使いすぎが原因だと考えられています。しかし多くの場合はミスユース（誤った身体の使い方）の状態で使いすぎることで障害が発症します。したがってスポーツ障害からの円滑な競技復帰や再発予防には、練習負荷の見直しだけではなく、姿勢・アライメント（骨の配列）・動作の不良を分析するとともに、障害発症につながる機能低下がないか、不適切な用具を使用していないかを専門家とともに分析して改善することが必須なのです。

参考文献

1) 広瀬統一 . (2011) .
　　リコンディショニングに必要な知識，教養としてのスポーツ科学
　　（早稲田大学スポーツ科学学術院 編），大修館書店 .
2) 広瀬統一 . (2015) .
　　「疲れにくい体」をつくる非筋肉トレーニング，角川書店 .

（広瀬　統一）

3 | 体力トレーニングの考え方とその計画

トレーニング

　トレーニングは「日常生活では必要としない特別な運動をして、からだの運動遂行能力を向上させること」と定義されています。この能力の向上は「適応能力」によって成り立っています。適応とは生物がその環境にたいして適合している状態をいいます。例えば、より強い力を発揮するという刺激を与えるとそれに適応して筋肉が太くなり、反対にギプスで固定して筋肉を使わないと萎縮して細くなっていきます。したがって、体力の向上に運動刺激と適応能力を計画的に利用していくことが体力トレーニングの基本となるのです。

トレーニングの PDCA

　トレーニングを管理し、その成果を最大限に引きだすためには PDCA サイクルを活用することが有効です。

　Plan（計画）：場所、時間、器具、指導者などのトレーニング環境を考え、目的をもち具体的な動種目や強度などを設定する。Do（実行）：計画にもとづいてトレーニングを実行する。一つの計画を 4 〜 6 週間は継続することが望ましい。Check（評価）：トレーニングで高めようとした体力要素がどれだけ改善したかテストを実施する。Action（改善）：評価を参考に、とくに成果が不十分な体力要素について、それまで実施してきたトレーニング内容を検討する。この PDCA を経て、新たなトレーニングを計画し、つぎのサイクルへと移行していくのです。

　能力や環境も個人によって異なり、初めから完璧なトレーニングを実施することは難しく、トレーニングの内容そのものが合っているかを確認していく必要があります。そこで、計画をまず実行すること、次にその成果を評価して、良かった（効果のあった）点を蓄積し、悪かった（効果の無かった）点は改善して、新たなトレーニングを計画していくという、PDCA サイクルを機能させることで、ムリ、ムラ、ムダを省いたトレーニングとなって行くことでしょう。

トレーニングの原理・原則

　トレーニングを効果的に継続的に進める上で、目的に合った計画をたてることが求められます。その際にはトレーニングの原理・原則を十分に考慮する必要があります。

①**過負荷の原理**：身体に変化（適応）を起こさせる負荷を与える必要がある。
②**特異性の原理**：トレーニングによる生理学的適応には特異性があるので、目的に合った運動をおこなう。
③**可逆性の原理**：トレーニングは継続しないと元に戻ってしまう。

　これらを踏まえて、体力要素を偏りなく高めること（全面性）、運動を繰り返し反復（継続）すること（反復性）、体力の個人差に応じて刺激を与えること（個別性）、自らトレーニングの意味を理解し、積極的におこなうこと（意識性）、体力の向上にしたがい、運動刺激を徐々に増していくこと（漸進性）といった原則を適用していきます。
　これらの中でも、とくにPDCAサイクルの基本となっているのが漸進性と過負荷です。成果が不十分なときには、身体の適応を生じさせるために運動負荷が十分ではなかった可能性があり、トレーニングによって体力の向上が見られたら、新たな体力レベルに合わせて、運動負荷を再設定する必要がでてきます。つまり、漸進的に過負荷の原理を適用していくことが"見直し"において重要な点なのです。

計画に際して

　体力トレーニングの計画においては、その種目における体力の割合、年間計画の中で今どの時期なのかなどに基づいて、何を優先的に行うべきかを考えます。オフシーズンならば、ある曜日は体力トレーニングだけの時間とすることもできるでしょう。試合が近いのであれば、体力トレーニングを重点的に行うよりも、試合に備えた技術や戦術練習が優先され、限られた時間で体力の維持を目的とすべきでしょう。
　例えば、筋力トレーニングにおいても、そのねらいは筋力だけではなく、パワー、筋肥大、筋持久力などの向上のために、それぞれ設定が異なります。筋力を高めるためには最大筋力の85％以上の強度で、反復回数が1〜6回（強度に併せて；100％ならば1回、85％では6回）、3〜6セット行うことが筋力の向上に効果的です。一方、12回以上の反復回数、67％以下の強度を用い、筋力を持続させる能力（筋持久力）の向上を図ります。すなわち、同じ運動形態であっても、目的に合った強度や回数の組合せ

を選択する必要があるのです。

トレーニング計画の具体例

　年間計画の中で「今どの時期なのか」などに基づいて、何を優先的に行うべきかを考えます。ある選手のオフシーズンのトレーニングを考えてみます。

①オフシーズンのため、基礎体力の向上を目指す：チームまたは個人の年間計画に基づいて、これから何を目的にトレーニングするかを明確にする。

②この選手は持久力と上半身の筋力がとくに劣っている：長所、短所は何か、その競技に必要とされる体力は何か（個別性、特異性、全面性）などを把握する。

③週3回、90分、トレーニング室を使うことができる：トレーニング環境の確認。

④各トレーニングの配分。トレーニング課題の重み（重要性）に応じて、トレーニングに占める割合（時間など）を割り当てる。ウォーミングアップ（軽いジョギング、徒手体操）5分、柔軟性；ストレッチ10分、筋力／筋持久力；レジスタンストレーニング40分、持久力；ランニング30分、クーリングダウン5分

⑤各トレーニングの詳細を決めていく。

⑥4〜6週間トレーニングを実行する。

⑦レジスタンストレーニングの重量が増えたか、5,000m走のタイムが向上したか、などの評価を行う。

⑧評価に基づいて内容を見直す。

参考文献

金久博昭総監修(2010)：ストレングストレーニング&コンディショニング第3版. ブックハウス・エイチディ：東京.
宮下充正（1993）トレーニングの科学的基礎. ブックハウス・エイチディ：東京.
宮下充正（1997）体力を考える－その定義・測定と応用－. 杏林書院：東京.
西嶋尚彦（1995）トレーニング戦略としてのスポーツライフマネジメントの検討. 日本体育協会スポーツ医・科学研究報告：ジュニア期のスポーツライフマネジメントに関する研究－第2報－.
早稲田大学スポーツ科学学術院編（2011）教養としてのスポーツ科学【改訂版】. 大修館書店：東京.

（岡田　純一）

4 | コンディショニング・トレーニングの実際

　人間の体力要素には、体格・体組成・姿勢という形態的なものと、筋力・持久性・スピード・アジリティ・バランス・コーディネーション・柔軟性といった機能的なものがあります。実際にコンディショニングを実施していく際には、これらの要素をトータルで考えていく必要がありますが、本稿では様々な体力要素のなかでも身体を動かすことに特に関わる、筋力・スピード・持久性のトレーニング方法について紹介します。

レジスタンストレーニング

　レジスタンストレーニングとは、筋肥大や筋力・筋パワー・筋持久力といった筋機能の向上を目的に、局所あるいは全身の筋に負荷（抵抗）をかけるトレーニングのことです。

⑴　エクササイズの選択

　レジスタンスエクササイズは、コアエクササイズと補助エクササイズに分けられます。コアエクササイズとは、1つ以上の大筋群を動員し、2つ以上の主要な関節が関わる多関節エクササイズと定義されています。これに対し、補助エクササイズは、小さな筋群を動員し、1つの主要な関節のみが関わる単関節エクササイズとされています。コアエクササイズの方がスポーツ競技に直接応用できるため優先度が高いとされ

ています。一方、補助エクササイズは特定の筋を個別に強化できるため、傷害予防やリハビリテーションで活用されることが多いと言われます。

⑵ 強度と量

いずれもトレーニングの目的に応じて**表1**を目安に調整します。

表1 目的に応じたレジスタンストレーニングの強度と量の設定

1 RM：1 Repetition Maximum の略。最大努力で1回挙上できる重量を指す。

目的	強度（% 1RM）	反復回数	セット数
筋力	≧ 85（コアエクササイズ）	≦ 6	2〜6
	≧ 80（補助エクササイズ）	≦ 8	1〜3
筋パワー	80〜90（単発）	1〜2	3〜5
	75〜85（反復）	3〜5	3〜5
筋肥大	67〜80	6〜12	3〜6
筋持久力	≦ 67	≧ 12	2〜3

スピードトレーニング

スピードあるいはスピードトレーニングという言葉にはいくつかの使われ方があります。1つは、様々な動作を素早く行う能力やそのトレーニングで、もう一つは、方向転換を伴わない短距離走の速さやそのトレーニングです。

⑴ パワーエクササイズ

レジスタンスエクササイズのなかのコアエクササイズのうち、非常に素早く爆発的に行われるもの（例：パワークリーンなど）をパワーエクササイズと呼びます。単に最大筋力を高めるような高重量レジスタンストレーニングを行うだけでなく、挙上スピードの速いエクササイズを導入し、重量だけでなくスピードの観点からも負荷をかけることで、短時間で素早く筋が収縮できるようになることが期待されます。

⑵ プライオメトリックトレーニング

人間の身体運動の多くは反動動作を伴っています。こうした運動では、筋はいったん伸ばされてから縮みます。これを Stretch-Shortening Cycle（SSC）と呼びます。SSCを伴う運動では、筋が縮むだけの運動よりも発揮できるパワーや運動効率が高くなり

ます。SSCを強調したプライオメトリックトレーニングは、SSCによるパフォーマンス増強効果をより高くします[1]。下肢のプライオメトリックトレーニングではジャンプ動作を用いることが多く、上肢を対象とする場合はメディシンボール等を利用することがあります。

⑶ スプリントトレーニング

ランニングスピードを上げるためには、上述した筋機能を改善するエクササイズに加え、ランニング技術（姿勢、腕の動き、脚の動き）の改善も必要になります。その手法には、全習法（実際の動作に近い形で行う方法）と分習法（動作の一部を抜き出して行う方法）があります。また、適切な動作を行うために、事前に関節の可動性や柔軟性を確保したり、適切な姿勢を保持する能力を高めたりしておく必要がある場合もあります。

エンデュランストレーニング

エンデュランストレーニングは、筋収縮のためのエネルギー供給能力を改善し、より長時間運動できるようにしたり、一定の時間内により多くの運動ができるようにしたりすることを目的にしたトレーニングです。

エンデュランストレーニングは大きく分けて、持続的に運動を続けるタイプと休息（インターバル）を挟みながら運動を繰り返すタイプがあります。いずれのトレーニングも強度や運動時間等は任意に決めることができますが、ここでは代表的なプロトコルを紹介します。

⑴ Long Slow Distance（LSD）

長時間・ゆっくり・長距離にわたって運動を行うトレーニングです。種々の有酸素性能力の向上が報告されていますが、実際の競技よりも強度が低くなることが多く、LSD単体では競技パフォーマンス向上のためのトレーニングとしては不十分となる可能性もあります[2]。

(2) インターバルトレーニング

　高強度運動と低強度運動を交互に繰り返すのが伝統的なインターバルトレーニングの方法です。インターバルを挟むことにより、高強度運動を持続的に行う場合よりも、トータルで考えると長い時間高強度運動を行うことになります。

(3) レペティショントレーニング

　インターバルトレーニングよりもさらに高い強度の運動を数十秒行い、その4～6倍の時間休むのを繰り返す方法です。ランニングスピードや運動効率を高め、無酸素性代謝能力を向上させると言われています。

参考文献

1. Markovic G & Mikulic P.: Neuro-musculoskeletal and performance adaptations to lower-extremity plyometric training. Sports Med, 40:859-895, 2010.
2. Helgerud J et al.: Aerobic high-intensity intervals improve VO2max more than moderate training. Med Sci Sports Exerc, 39:665-671, 2007.

（平山　邦明）

5 | 睡眠の重要性

眠ることの大切さ

　競技スポーツの現場をみると、トレーニングについては、競技に必要なテクニックのほか、筋力や心肺機能の増強など持久力など、身体的なパフォーマンスを高める指導が行われます。栄養についても、気をつけているアスリートも少なくありません。

　睡眠については、以前はトレーニングに比べて、重要とも思われていませんでした。しかし現在では、寝具のコマーシャルに一流アスリートが登場するなど、睡眠が重要であることは、アスリートの間でも知られるようになってきています。

　アスリートにとって、疲労回復含めて良好なコンディショニングのためにも、睡眠は非常に大切なものです。十分な睡眠がなければ、トレーニングの効果が満足する結果に結びつかないと行っても過言ではありません。

眠ることで競技力が伸びる

　睡眠時間を普段よりも長くとることで、スポーツパフォーマンスが向上する研究結果が、数多く示されてきています。研究の口火を切ったのは、スタンフォード大学の研究グループです。大学バスケットボール選手に、約一ヶ月間毎日昼寝を含めて10時間はベッドにいるように指示をしました。そうしたところ、それまでの平均睡眠時間は6.7時間だったのが、平均8.5時間に伸びました。2ヶ月ほど経ったところで測定したところ、表に示したようにダッシュのスピードが早くなり、シュートが多く決まるようになり、気分も向上してやる気が出たということです。

　夜の睡眠ではなく日中の仮眠によっても、パフォーマンスの向上を示す事実が明らかになってきています。十分な睡眠時間を確保することも、競技力向上のためには大切な生活習慣だと言えます。

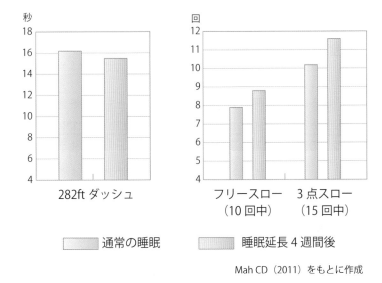

Mah CD（2011）をもとに作成

何時間眠ればよいのか

では、何時間眠るのがよいでしょうか。アスリートは、そうでない人よりも長く眠ることが必要です。世界的にみても日本人は睡眠時間の短い国民で、慢性的な睡眠不足、いわゆる睡眠負債が蓄積している大学生がほとんどです。十分な睡眠時間を取ることでアスリートのパフォーマンスが向上するのは、睡眠負債によって本来持っている能力が十分に発揮できていないということを示しています。

　多少睡眠時間が短くても、毎日の生活はできないことはありません。しかし、きちんと眠れば、集中力は向上し、判断が早くなり、敏捷性が増し、そして筋力も向上するのです。競技へのこだわりがあるのであれば、ぜひ睡眠の重要性を認識して、睡眠時間を確保してもらいたいと思います。

（内田　直／西多　昌規）

栄養

6 | アスリートの栄養と健康
—食の自己管理能力を身につけよう—

　年齢や性別、競技レベルを問わず、適切なエネルギーと栄養素を含む食事を摂取することは、障害予防とコンディショニングの観点から重要です。特に大学生は、自宅生であっても練習の都合により食事が乱れたり、一人暮らしや寮生活による生活環境の変化などにより、栄養状態が悪くなることがしばしばあります。保護者や指導者が食事も含めて健康管理を担ってくれた高校生までとは違い、学生アスリートは各自のトレーニング状況、目的や体調などを踏まえて、栄養面でも自己管理能力を身につけなくてはなりません。そこで、早稲田アスリートが特に気をつけなくてはならない点を以下にまとめました。

1．欠食は絶対にしないこと

　アスリートはトレーニングによる消耗が激しいため、欠食や偏った食事をするとエネルギーと栄養素の必要量を満たすことができなくなり、体調不良の原因になります。**図1**に運動部に所属する大学生アスリートの欠食状況を示しました。欠食率は朝食ではなんと42.2%、昼食で18.7%、夕食で13.3%となり、大学生アスリートは欠食率が非常に高く、早急な改善が必要であることが明らかとなっています。部や競技特性、性別、学年別の傾向はなく、改善は各自の意識次第と言えます。欠食している場合には

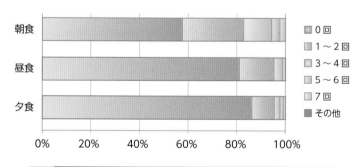

図1 大学生アスリートの欠食状況（557名のアンケート結果より）

早急に改善してください。急にバランスの良い食事摂取はできなくても、まずは何かを口にしてから出かけるようにするなど、食生活にも目を向けることが大切です。

2.「アスリートの食事の基本形」を意識して

　欠食をしていなくても、食事内容が必ずしもアスリートとしてふさわしい状況でないことも多々見られます。まずは**図2**に示した「アスリートの食事の基本形」を参考に、毎食ごとに①主食（ごはん・パンなどのエネルギー源）、②主菜（肉・魚・卵・大豆製品のおかず）、③副菜（野菜・いも・海藻・きのこなどの小鉢）、④牛乳・乳製品、⑤果物（または果汁100％ジュース）の5つをそろえるよう心がけてください。それができたら、競技特性や練習量に合わせた食品バランスや調理法などについても考えていきましょう。

食事の基本形に近づけましょう

果物　牛乳・乳製品

副菜

副菜　副菜

主食　副菜

主食・主菜・副菜2品以上・牛乳・果物をそろえることがアスリート食のポイント

図2　「アスリートの食事の基本形」に近づけよう

3.補食の有効活用を

　大学生アスリートは間食としてスナック菓子や炭酸飲料、ファーストフードなどの摂取が多い傾向にありますが、これらの摂取はほどほどにしましょう。授業や練習の都合で思うように食事が取れない場合には、糖質、たんぱく質、ビタミン・ミネラル類など、トレーニングやからだづくりに必要な栄養素を含む補食を有効活用しましょう（**図3**）。

写真：東京都スポーツ文化事業団発行「Nutrition」より

図3　補食を有効活用しよう

4．セルフデータのモニタリングがコンディショニングの基本

　食事量が運動量に見合うものであるかのチェックは体重と身体組成を定期的に測定することで把握できます。体重は早朝空腹時に毎日測定し、グラフ化してください。体重が減っているようなら、運動量に対して食事量が少ないということになります。逆に増えているようなら、食事量が運動量よりも多いことを示しています。また、体調は数値化して記録しておくとよいでしょう。例えば5段階なら「非常に良い」を5とし、「普通」が3、「非常に悪い」が1という具合です。食事内容（質）が良いかどうかは体調から判断してください。疲れやすい、だるい、集中力がない、けがをしやすいというような体調不良を感じる場合には、食事内容の見直しをすべきです。

5．身近な専門家に相談しましょう

　日常的な栄養摂取の疑問や食事バランス、補食の取り方、試合前や目的別の食事法、サプリメントの利用に関する疑問など、自分で勉強しても分からないことが多々あると思います。インターネットで調べることは簡単ですが、間違った情報や個人の意見も多く、必ずしもエビデンスのある答えが得られるとは限りません。早稲田大学スポーツ医科学クリニックニュートリション部門では個別栄養相談等＊を実施していますので、気軽にご相談ください。まずは現在の状況をアセスメントして課題を抽出し、公認スポーツ栄養士または管理栄養士が相談者の状況に応じたアドバイスをします。詳細はウェブページhttp://www.waseda.jp/prj-wmedspo/clinic/をご覧ください。

＊ 早稲田大学の学生に限ります。

（田口　素子）

7 | 減量・増量・ウエイトコントロール

間違ったウエイトコントロール（減量・増量）はパフォーマンスと健康状態を阻害する

　多くのアスリートが体重調節と苦闘しているのが現状ですが、競技特性や体格、身体活動量、性別などによる個人差が大きく、いずれも画一的な方法はありません。日常的なウエイトコントロールであれ、試合前の減量であれ、安全な方法で取り組まなくてはなりません。

1．摂取エネルギー不足が続くとパフォーマンスを低下させる

　数日から数週間という短期間で体重を減らす急速減量では、極端な食事制限や絶食、飲水制限、サウナやサウナスーツの着用による脱水法、過度のトレーニングなどが行われています。また、長期にわたるウエイトコントロールを行う選手は、エネルギー摂取が少ない状態が継続することもしばしばあります。いずれも心身への負担が大きく、図に示したように、相対的エネルギー不足（日常生活で利用できるエネルギー量が減ること）が続くと、性別に関係なくパフォーマンスに悪影響を及ぼします。骨密度低下や疲労骨折を起こしやすくなったり、女子では月経異常といった健康問題を

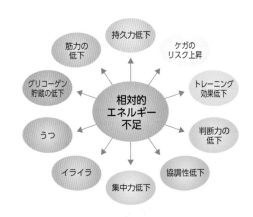

(Mountjoy et al. 2018)

図1　エネルギー不足の影響

引き起こしますので、要注意不です。急速減量や長期の食事制限によるウエイトコントロールは避け、安全な方法で取り組んでいきましょう。

2．むやみに食べ過ぎる増量は「メタボアスリート」まっしぐら

　一方、増量しようとして高エネルギーの料理・食品の過食やプロテインなどサプリメントの過剰摂取をすると、体重とともに皮下脂肪量や内臓脂肪量が増えてしまうケースがしばしばあります。体重とともに体脂肪量が大きく増加すると、ケガや故障の原因となったり、脂質代謝や糖代謝の異常を引き起こしたりするという健康リスクも増加させ、逆効果です。身体組成測定を定期的に行い、適切な目標設定をする必要があります。また、脂質やたんぱく質の過剰摂取にならないよう注意が必要です。

3．食事調整のポイント

1）減量のポイント

　減量の際には1日あたり500kcal程度までのエネルギー制限を目安とし、欠食をせず、揚げ物や炒め物など油脂の多い料理を減らす、脂肪の少ない食材や部位を選択する、高エネルギーの調味料を避ける、野菜・海藻・きのこ類などの摂取を増やすなど、食事内容の工夫をしてください。また、水分制限は熱中症の危険もあるため、行わないようにしましょう。

2）増量のポイント

　増量の際にも1日あたり500kcal程度のエネルギー増加を目安とし、食事量を全体的に増やしたり、おにぎりや果物、乳製品などの補食も活用しましょう。ただし、脂質は取りすぎないように注意してください。一度にたくさん食べられない場合には食事回数を増やすのも効果的です。摂取エネルギーの増やし方が同じなら、食事回数の影響はないことが研究によりわかっています。体の変化を見ながら食事量と内容の調整をしましょう。

4．体重と身体組成をモニタリングする

　減量では骨格筋量は減らさずに余分な体脂肪量を減らすことが大切です。一方、増量では骨格筋量は増やしますが体脂肪量は増やさないようにすることを目指します。いつまでにどれだけ変化させるのかという実現可能な目標設定をきちんと行い、骨格筋量は女子棒量の変化から把握することが可能ですので、体重のみではなく身体組成（除脂肪量）の変化をモニタリングしてください。その際、時間や測定機器をそろえ、同じ条件で測定した値の変化をみていきましょう。

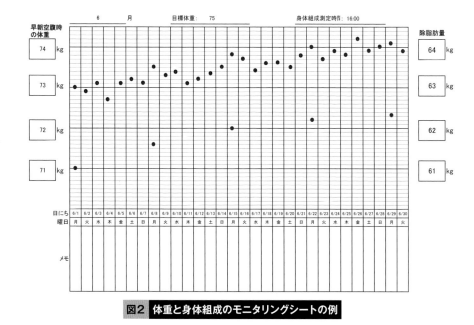

図2 体重と身体組成のモニタリングシートの例

　食事パターンは種目やトレーニング状況、生活環境によっても異なりますので、個別の調整が必要です。スポーツ医科学クリニックニュートリション部門では個別の栄養相談＊を実施しています。

　＊ 早稲田大学の学生に限ります

（田口　素子）

8 サプリメントの功罪

栄養補助食品（サプリメント）とは、食事でとりにくい栄養素を簡単にとれるように開発された食品の総称であり、ひとつの栄養素が含まれるものから、いろいろな栄養素が含まれているものまで、種類や形状もさまざまあります。サプリメントの中でも運動能力を高めることが期待される成分を含むものは、エルゴジェニックエイド（運動能力増強剤）と呼ばれています。使用に関しては十分な注意が必要です。

1．サプリメントとドーピング問題

通常の食品を摂取することによって、ドーピング検査が陽性になる可能性は極めて低いと考えられます。しかし、サプリメントや栄養剤の中にはドーピング禁止薬物や体内に入ってから非合法的な物質に変化する物質が混入している恐れがあります。IOCの調査で、成分表示に禁止薬物が記載されていないにも関わらず禁止物質が検出された商品があることも明らかになっているため、外国製のサプリメントの使用はやめてください。また、食事をおろそかにしてサプリメントに頼るのは"心のドーピング"と言えるでしょう。詳しくはJADAのホームページや中央競技団体医事委員会から発信される情報をご覧ください。

2．サプリメントと健康問題

日本人の食事摂取基準では、健康障害をもたらすリスクがないとみなされる習慣的な摂取量の上限値を「耐容上限量」として示しています。耐容上限量を超える摂取は、通常の食品を摂取している範囲では起こりえませんが、サプリメントや栄養剤の多量摂取をすれば脂溶性ビタミンやミネラル類の過剰摂取は容易となり、過剰症を引き起こす危険が高まります。栄養素の必要量が増加するアスリートといえども、耐容上限量を超える摂取は健康上、避けなくてはなりません。

また、精製されて単一成分のみが高濃度に含まれた製品を継続して摂取して

表1 主な栄養素の耐容上限量（1日当たり）

		男性	女性
カルシウム	(mg)	2,500	2,500
リン	(mg)	3,000	3,000
鉄	(mg)	50	40
亜鉛	(mg)	40	35
ビタミンA	(µgREA)	2,700	2,700
ビアミンD	(µg)	100	100
ビタミンE	(mg)	850	650

日本人の食事摂取基準（2020年版）より18～29歳の値を抜粋

いると、体内における栄養素相互のバランスを崩す可能性もあります。市販されているサプリメントの中には、含まれる物質の具体的な化学名が不明確なケース（○○抽出物など）や、品質の管理が不十分なものも出回っており、表示がないのに禁止物質が含まれている場合もあります。したがって、安易な長期使用は好ましくありません。

3．どんな時に活用するか

　サプリメントは安易に利用するのではなく、まずは食生活を全般的に見直して栄養状態の改善を図る努力が必要です。以下のような場合に有効活用しましょう。

- ●減量時など、食事全体のエネルギー量の低下に伴って各栄養素が不足しやすい場合
- ●夏場や過酷なトレーニング後の食欲減退時
- ●1人暮らしや海外遠征などで食事が十分に準備できない時
- ●何らかの理由で栄養バランスが崩れた場合
- ●試合やトレーニングの前・中・後に速やかな栄養補給が必要な場合　　など

4．使用時には以下の項目の確認を必ず実施すること

　サプリメントを使用する場合には、個別に栄養アセスメントを行い、本当に必要か、どれだけ摂取したらよいかなどについてきちんと考えてから使用しなくてはなりません。次ページのサプリメント・エルゴジェニックエイドの使用に際してのチェック項目について、すべて確認をしてください。ドーピングや安全性に関することはスポーツドクターやスポーツファーマシストに、栄養摂取状況の確認や個別の使用量が適当かどうかについては公認スポーツ栄養士に相談しましょう。

〈サプリメント・エルゴジェニックエイドの使用に際してのチェック項目〉

チェック欄	チェックポイント	注意点
	ドーピング禁止物質を含んでいないことを確認したか	含まれている成分名（化学名）と含有量、原料などについて確認してください。不明な場合は競技団体のスポーツドクターやスポーツファーマシスト等に相談しましょう。
	毒性や未知の物質、代謝を変えるような物質を含んでいないかを確認したか	
	その商品が競技団体等によって禁止されたものではないことを確認したか	
	その成分を摂取できるように食事・食生活の工夫をしたか	サプリメントを安易に摂取する前に、食事を改善することを第一に考えてください。スポーツ栄養士に相談してください。体調に変化が現れたら摂取を止め、スポーツドクターに相談してください。
	あなたにとって必要な栄養素の種類と量であるかを確認したか	
	耐容上限量を超える摂取にならないかを確認したか	
	何らかの健康問題を抱える人にとって禁忌でないものかを確認したか	
	サプリメントに記載もしくは添付された注意事項を読んだか	摂取する際には自分の責任において、きちんと確認をしてからにしましょう。
	製品の効果に関する生産者による主張が、あなたの知っている栄養、運動の科学と一致しているか	
	その製品の利用はパフォーマンス向上に必要な他要因の妨げにならないことを確認したか	

（田口　素子）

9 食事や体重へのこだわり

アスリートに多い摂食障害

　陸上長距離競技や体操競技など多くのスポーツでは、体重が増えることによって競技成績に影響が生じます。フィギュアスケートなど審美的な評価も重要なスポーツも、体型には非常に気を使います。

　そういった場合には、監督やコーチなど指導スタッフから厳しく体重のコントロールについて注意を受けることがあります。しかし、トレーニングによって空腹になりながら体重をコントロールしていくということは、なかなか難しいことです。

　こういったことをきっかけに、食事や体重への過度のこだわりが、特に女性の選手に起こる場合があります。しかし近年、男性選手にも、食事や体重への過度なこだわりがみられる例も増えてきています。

　女子アスリートが食事にこだわる背景には、この他にも私生活の問題などもあります。学業の成績が思うように行かず、競技と板挟みになったり、これまでうまく行っていた歯車がちょっと崩れてしまったことが、気分の落ち込みにつながったりします。

摂食障害の多く見られる競技

　このようなアスリートの摂食障害は、スポーツ競技の種類によって、生じる可能性も違ってきます。図に示したのは、海外のデータですが、フィギュアスケートなど

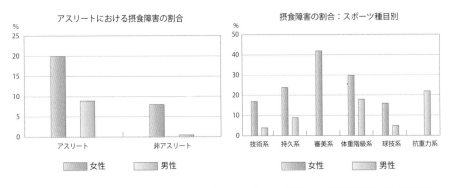

Sundgot-Borgen J & Torstveit MK（2004）をもとに作成

の審美性の高いスポーツや、体重階級制スポーツ、持久系スポーツ、あるいは一般的に体重が減ると競技成績が伸びるようなスポーツに多いとされています。

　しかし近年では、これまで報告がなかったスポーツ競技においても、摂食障害の報告例がみられるようになってきました。アスリートには摂食障害が少なくないという知識が、広まったためかもしれません。

一人で悩まず気軽に相談を

　このような食事行動の問題は、一人だけで解決するのは難しく、また時間もかかる場合が多いので、一人で悩まずにスポーツ医科学クリニックに相談してください。これまでにも、多くの摂食障害のアスリートが、比較的短期間で良くなっています。第三者に相談をすることで、問題の半分が解決したようなものです。それで、ずいぶんと気持ちが楽になります。気持ちが楽になると、症状も治まってくるということも多くあります。スポーツ医科学クリニックでは、個人の情報はしっかり守られますので心配ありません。

（内田　直／西多　昌規）

10 | 大学生アスリートにおける ストレスマネジメントの重要性

アスリートのストレス

　大学生アスリートはスポーツ場面でたくさんのストレスを感じています。スポーツ場面では日常生活では考えられないような周囲からのプレッシャーを感じ、時には自分への要求水準を高く保ち、自分自身を追い込むこともあります。また、部活動や所属チーム内でのトラブルが頻発することも考えられます。ストレスを与えるものをストレッサーと呼びますが、大学生アスリートはスポーツ場面だけではなく、他の大学生同様に、大学での授業やアルバイト、また進路選択といった、日常場面においても多くのストレッサーにさらされています。

　アスリートの中には「美しい身体でいなければならない」「明るく快活でなければならない」というイメージに固執しているアスリートが多くいます。そのイメージとのギャップにとらわれると、アスリートでも心の病気になる可能性が大いにあります。アスリートがかかりやすい心の病気の1つに摂食障害があげられます。摂食障害は女性に多い疾患ですが、近年では男性にも散見されます。「美しく痩せた身体でいなければならない」と過度な食事制限を行い、そのような過度な食事制限をしてしまった罪悪感や不安感に耐えられなくなり、むちゃ食いをして落ち込んで過度な食事制限をするといった悪循環に陥る病気です。

　一方で心の病気にならなくても、過度なストレスによって、睡眠不足になってしまったり、オーバートレーニングに陥ったり、時には過度な飲酒や薬物使用といった問題行動に走ってしまうアスリートも多くいます。これらの多くは不安や落ち込みといった感情を何とか紛らわせようとする行動であると言えます。たとえば、競技成績がふるわないことによってふさぎ込み、憂うつな気持ちが続くと、その気持ちを紛らわせるために過度にトレーニングに打ち込み身体を痛めたといった経験があるアスリートは多いかと思います。

アスリートが陥りやすい問題

　その他にもアスリートが陥りやすい問題をご紹介します。

　アスリートにつきものである怪我は、心理状態に大きな影響を及ぼします。具体的

な感情としては、喪失感、不安、悲しみ、怒り、落ち込み、焦燥感などがあげられます。怪我をしたアスリートは、競技復帰の見通しが立たず、「こんな大事な時に怪我をして、いつになったら競技復帰できるのだろう」と焦燥感ばかり募らせてしまうということは容易に想像ができます。もしくは、「チームメイトにサボっていると思われているのではないか」と不安な気持ちになるかもしれません。このように焦燥感や不安といったネガティブな感情が募った結果、その焦燥感や不安を取り除くために、過度なリハビリテーションに励み、かえって競技復帰が遅くなってしまう悪循環に陥るアスリートがいます。また、練習や試合から離れる恐怖心から、怪我をしていることを隠して、痛みを我慢して競技を続け、病院に行かずに、治らない状態まで放置してしまうアスリートもいます。

　もう一つ、アスリートが陥りやすい問題として有名なものはバーンアウトです。バーンアウトは、ストレスや不安を強く自覚し、スポーツへのわくわく感を喪失し、楽しみ感情が欠落した状態になります。特にエリートアスリートのバーンアウトはキャリアの問題と大きくかかわっていると言われています。バーンアウトは心理的苦悩に満ちた体験であり、復帰に時間がかかることは大きな問題です。バーンアウトから抜け出す方法がわからず、競技をやめるという選択をするアスリートもいます。

　以上の例からわかるように、ストレスを上手にコントロールすることは競技生活を送る上で非常に重要であると考えられます。日常場面においてもスポーツ場面においても、適切に対処する方法を身につけ、それらと上手に付き合うことが大切です。また、ストレスは怪我のリスク増大につながることも示されています。怪我は上記の例からもわかるように、アスリート生命に大きく影響を及ぼします。したがって、怪我を予防する意味でもストレスとうまく付き合うことは重要であると言えます。しかしながら、心の弱い人間が心理のサポートを受けるのだと思っているアスリートや、心理サポートをうけることを恥ずかしいと思っているアスリートがいるのが現状です。

（深町　花子／岡　浩一朗）

11 | スポーツパフォーマンス向上の ためのメンタルトレーニング

心のトレーニングの重要性

　身体のトレーニングと同様に、心の使い方もトレーニングしなければなりません。よく「試合中、調子の悪い時にメンタルトレーニングを実践しても効果が無かった」というアスリートがいます。毎日の練習時などに心のトレーニングを実施していないのであれば、普段と違うことをしても、効果がないのは必然の結果と言えます。日頃から何度も繰り返し、プレーの前や合間に、いつも同じように行う癖をつけてください。スキルを身に着けるためには、条件を変えない方がよいと言われています。

　試合で結果が出ないことを「メンタルが弱いからだ」というアスリートがいます。しかし、「自分はメンタルが弱いダメな人間だ」と責めたところで何も改善しません。そうやって自分を責めても、パフォーマンスが上昇するわけではありません。「メンタルが弱いからだ」と言い訳をすることで自分を許しているだけかもしれません。一方でそんな自分を責め、さらに辛い気持ちになるという悪循環に陥るアスリートもいますが、その悪循環を断ち切って、今この瞬間に集中してやるべきことを実施することの方が重要だと考えられます。

　したがって、自分に合った心のトレーニングを日常的に継続することが大切です。たとえば、試合前にゆっくりとリラクセーションをすることが合うアスリートがいるかもしれませんし、最悪の状況を考えて不安で頭の中をいっぱいにした方が試合で結果を出すことができるアスリートもいるかもしれません。すぐに実施している心のトレーニングは自分には合わないと結論を急がずに、2〜3週間は継続して、気づいたことを記録する事を心がけてください。しかし、問題を見誤って心のトレーニングを使うことは逆効果になることもあります。何が問題なのかを正確に分析しなければいけません。

集団でのメンタルトレーニング

　スポーツ場面における1つの特徴として、部活動やチームに所属しての競技実施を行うことが多いことがあげられます。アスリートに対しての個別対応は現実的ではないため、講義やワークショップという形で心理的なサポートを受けることも少なくな

いと考えられます。集団で心理的なサポートを受けることで、チームメイトとのつながりを感じたり、チームメイトの良いところの真似をしながら学習したりすることによって、お互いがセラピストのような役割を果たすことがあります。また、グループのメンバーと体験を共有できることが、チームの問題をすぐに改善することあります。

　チームや部活などの集団においても問題の分析が必要です。困っていることがあれば、チーム状況を把握し、課題を明確にする必要があります。また、チームとしての価値も合わせて考えながら進めていかなければなりません。

　また、リーダーやキャプテンといった、リーダーシップを発揮しなければならない役職特有の心の葛藤があるかもしれません。これらの役職には、困難が生じたときにはその問題を分析し、それに対する怒りや焦燥感といった感情に流されることなく、チームとしての価値を達成するために、目の前のことをこなすスキルが求められます。問題が発生している時のリーダーシップは極めて重要な要素である可能性が高いです。問題が発生している時に、適切な対処行動をとることができるリーダーのもとでは、チームとしてのまとまりやモラルが高まるといわれています。

（深町　花子／岡　浩一朗）

12 | ポジティブシンキング or ネガティブシンキング？

ポジティブシンキングが大事

　心のトレーニング方法の１つにポジティブシンキングがあります。いつもポジティブでいると、パフォーマンスが向上するわけではありませんが、多くの指導者はポジティブシンキングを推奨しています。もちろんポジティブシンキングが好きで、実際にスポーツパフォーマンスにつながっているという実感があるのであれば、継続することは何の問題もありません。

　しかし、大事な試合の前日に、大きなミスを犯し、絶望して落ちこんで悲しい時に、冷静にポジティブシンキングをやろうという気になれるでしょうか。絶望して心が沈んでいる時は感情の波にのまれています。無理に、気持ちを高めていこうと大声を出したり、アップテンポな曲を聴いたりしたらどうなるでしょうか。かえって、いつもの状態との差に苦しくなることがあるのではないでしょうか。一時的にネガティブな感情をなくし、ポジティブシンキングができても、すぐに元に戻ってしまう人もいるかもしれません。過度なポジティブシンキングは０か100かの思考を生み出しやすく、「ポジティブでない自分はダメなんじゃないか」と常に確認することによって、かえって不安や焦燥感などのネガティブ感情が増大することもあります。無理にポジティブ思考になろうとするあまり、感情をおしこめすぎていませんか？自分では認めたくないような感情は隠れていませんか？ポジティブになれない自分を責めたり、かえって不安が増大して辛い気持ちになったりするアスリートはポジティブシンキングが合っていないもしくは行うべきタイミングではないのかもしれません。

ネガティブシンキングが大事

　だからといって、ネガティブシンキングが優れているというわけでもありません。たとえば、「どうせ自分は大事な試合で勝てるはずがない。どうせ三流のアスリートなんだ」ということを考えるアスリートがいたとします。「そもそもネガティブシンキングなんて好きでやっているわけじゃないから今さら直せないよ」と反論が来るかもしれません。ネガティブシンキングのデメリットは「自分に自信がなくなる」「表情も暗くなってチームメイトに心配をかける」などたくさんあります。それにもかかわらず、

このネガティブシンキングから抜け出せないアスリートは多くいます。それはこのネガティブシンキングに隠れたメリットがあり、そのメリットがすぐに手に入るからです。つまり、ネガティブシンキングで何らかの得をしているのです。たとえば、「勝ったらいつも以上に喜びを感じることができる」「試合のレベルが高いことにすれば、自分のミスを直視せずに済む」などです。問題となる行動をやってしまうメリットを探すのは、実はなかなか難しいことです。先述のように、「好きでやっているわけじゃないし、いつの間にかやってしまうんだ」というアスリートが多くいます。しかし、このメリットを探すことは、心の問題解決の第1歩になります。

　以上より、考え方をポジティブにしたりネガティブにしたりする方法ではなく、現実をいろいろな角度から見て正しく検討し、必要以上に落ち込んだり、勘違いしたりしないようにする方法も必要だと考えられます。

（深町　花子／岡　浩一朗）

13 │ "そのままにしておく" ということ

　心のトレーニング方法の１つとして、不快な感情を"そのままにしておく"という
方法を提案したいと思います。上手にそのままにしておくことのポイントとしては、
自分の感情や感覚を「あ、私は今ネガティブな感情になっているな」ともう１人の自
分を意識して、積極的に感情に注目し観察する事、その感情や感覚を嫌なものだと判
断しない事です。「ポジティブにならなきゃ」と考える事は、実際は不安や弱気といっ
た不快な感情を悪いものだとラベルづけし、消極的に遠くに追いやって回避している
のと同じことだと考えられます。それがうまくいかないのなら、不快な感情を積極的
に味わうようにしてみると、うまくいくかもしれません。

感情に名前をつけて観察しよう

　そこで１つ提案したい具体的な方法は、不快な感情に名前をつける方法です。たと
えばここでは試合前のプレッシャーに押しつぶされそうで、心臓の鼓動が速くなって
いる不快な感覚や感情に、「感情くん」と名付けます。次にその「感情くん」を取り出し
てじっと観察してみましょう。「感情くん」の色は？形は？重さは？触感はどうでしょ
うか？また、「感情くん」を取りだした際にどのような反応が生じるかもみてくださ
い。「嫌だ」「怖い」などという不快な反応がでてきたらそれにまた名前をつけて繰り
返していきます。何の反応もなくなったら、最後にそれを自分の中に戻してみましょ
う。おかしなことのように思いますが、これがスムーズにできるようになると、不快
な感情を"そのままにしておく"ことが上手になります。

葉っぱにのせた考えを小川に流そう

　この"そのままにしておく"という方法は、リラクセーションにも取り入れること
が出来ます。リラックスしようと思っても、人間の脳は「リラックスしなさい」という
指令を出すことは実はなかなかできません。したがって、一度力を全身に入れて体が
緊張した状態を作ってから、一気に力を抜きリラックス状態を作る方法がよく取り入
れられています。また、リラックスしようと思っても、集中できずに他のことを考え
てしまったり、「リラックスできたかな？」と確認ばかりしてしまったりして、リラク
セーションがうまくできないことがあります。このような理由でうまくリラックスで

きない時は、頭に静かで穏やかな小川を想像してみてください。生じてくる他の考えなどは出るにまかせて、さりげなく"そのまま"の小川の流れに流すようにしてみてください。その考えが小川に流れていく様子を積極的に注目して観察し、それを繰り返していくと効果的です。

（深町　花子／岡　浩一朗）

14 | 競技生活で最も望んでいることとゴールの設定

競技生活で何を望みますか？

　心のトレーニングでは、大学生アスリートの皆さん1人1人がスポーツ場面での
もっとも望んでいること（価値）が何であるかを明確にすることが大切です。価値を明
確化する具体的な方法として、「自分が引退する時に親族やチームメイトに何とコメン
トしてほしいか」「また、彼らの頭の中をのぞけるとしたら、何と考えていてほしいか」
を詳細に思い浮かべてみてください。これはあなたの競技人生における 価値を反映し
ます。

　この価値の明確化をするときに、ウキウキしたりわくわくしたりといった有意義感
を感じるものを価値に設定しているかどうかが重要です。たとえばチームの雰囲気や
コーチからのプレッシャーなどの外発的なものに動機付けされているものは、あなた
がスポーツ場面でのもっとも望んでいるものであるとは言えません。また、過去のス
ポーツ場面での失敗経験や現在の状況に左右されると、その時の不安や過度な緊張を
回避することを考えているだけですので、それもあなたがスポーツ場面でのもっとも
望んでいるものであるとは言えません。価値を設定するには「どうしてそれが大事な
のか？」という問いを何度も続けていきましょう。普段こころがけているものという
視点も大事です。なぜこのように価値を明確化しておく必要があるかと言うと、この
明確化ができていなければ、自分がすべき適切な行動が何なのかもわからないままだ
からです。

達成するためには何ができる？

　たとえば、先ほどの引退時にかけてほしい言葉として、「あなたのような選手がい
てくれて良かった。たくさん見習うべき点があった」という言葉を思い浮かべたアス
リートがいたとします。「あなたのような選手がいてくれて良かった。たくさん見習う
べき点があった」と言われたいアスリートは、そう思ってもらえるように、試合や練
習で堂々とした振る舞いをすることがゴールとなるかもしれません。そうすると、た
とえば、試合中に厳しい展開になったときには、胸をはってチームメイトを鼓舞する
という行動につながるかもしれません。また、どのような声掛けを他の選手が求めて

いるのか、尋ねてみるという行動につながるかもしれません。

　このように、価値を設定した後は、その価値に向かって近づくためのゴールを決めて、達成するための行動を起こしていくことが重要です。長期的ゴールも短期的なゴールも設定する必要があります。ゴールを決める事で、より効率的に価値の方に向かっていくことが出来ます。価値の方向に向かう現実的なゴールを設定してみてください。今のあなたの状況にかなったものとして、「とりあえず何ができそうか」という実現可能なところから、考えてみると良いでしょう。背伸びをすると、かえって価値に沿った競技生活を送ることが難しくなってしまいます。かといって、自分に甘くなりすぎないでください。

　1つゴールを設定したら、それが今現在と競技生活終了時のどこにあるのかを考えてみてください。今書いたゴールは時間軸のどこに記されるでしょうか？競技生活終了時に近いところに位置するのであれば、もしかしたらそこに行きつくまでの短期的なゴールをさらに用意する必要があります。このように長期的ゴールと短期的ゴールの設定を、繰り返し行ってください。

今現在　　　　　　　　　　　　　　　　　　　　　　　競技終了時

　また、ゴールは、必ず文字に起こしましょう。書き残すことで、ゴールがはっきりしますし、達成できたかどうかも明確にすることができます。あなた自身がゴールについて深く考え、具体的にイメージするきっかけにもなります。このことも、ゴール設定をすることの大切な効果です。

　また、ゴールを達成できているかどうかを記録することも重要です。このようにゴールを達成できているかどうか記録することは、自分の心の状況を把握することにもつながります。身体のトレーニングでも、自分の状態・状況を把握せずにトレーニング方略を立てることはしません。モニタリングをして、自分の心の状態を把握するだけで、心の問題が解決するアスリートも多くいます。

（深町　花子／岡　浩一朗）

WASEDA
ATHLETE
PROGRAM
Section
7

アスリートのメディカルケア

内科的急性障害とその対策

1 | 心肺蘇生法

　スポーツを行っている時を含めて日常生活中に、突然に呼吸停止、心停止を起こすことがあります。そのような場面に出くわす可能性は、誰にでもあると言えます。万が一そのような場面に遭遇した時に、救助する手段として心肺蘇生法を身に付けていることは非常に有用なことになります。

急げ！素早い処置が命を救う

　ヒトは空気中の酸素を吸い（吸気）、炭酸ガスをはき出す（呼気）ことを繰り返して、生きています。呼吸停止してからの時間が長くなればなるほど、救命処置がとられたとしても助かる確率（蘇生率）は低くなってしまいます。ドリンカーの生存曲線（**図1**）によると、**一般に呼吸停止してから4分後では50%、5分後では25%、7分後では10%の蘇生率**と考えられています。

　通報があってから日本国内の救急車が現場に到着するまでには、平均約6分かかると報告されています。つまり救急車が到着するまでに何もせずにただ待っているだけでは、多くの呼吸停止、心停止を起こした人が助からないことになります。それゆえ多くの人が救命処置のための心肺蘇生法を身に付けていれば、かなりの人が助かるこ

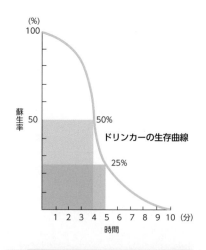

図1　呼吸停止後の時間経過と蘇生率

とにつながります。学生、特に競技スポーツクラブに所属する方は、ぜひ心肺蘇生法を身に付けるようにしましょう。

　心肺蘇生法のフローチャートを、**図2**に示してあります。倒れている人を見つけたならば、まず呼びかけ、肩をたたくなどして意識の確認をします。意識消失していると判断した時には、大きな声で近くにいる人達の協力を呼びかけることが重要です。心肺蘇生法は複数で行った方が、ずっと有効です。

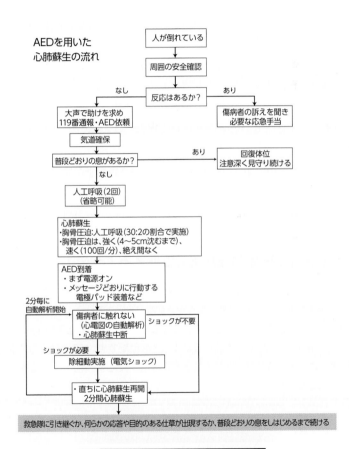

図2　心肺蘇生法のフローチャート

〔フローチャート引用：普通救命講習テキスト／2006，財団法人東京救急協会刊〕

心肺蘇生のABC
Ⓐ Airway（気道確保）
Ⓑ Breath（人工呼吸）
Ⓒ Circulation（循環確保）

- 気道確保で重要なことは、舌根（したのねもと）沈下を防ぐことで、頭部後屈と下顎挙上の処置をとることが重要です。

- 人工呼吸は、手で鼻をつまみ救助者の口で患者の口を多い、静かに大きく2回息を吹き込みます。胸部の膨らむことを確認し、それ以降は同様に行います。脈拍の回復が確認できたならば、5秒間に1回のペースで行うことになります。脈拍が触れない、つまり心停止していると考えられる場合には、循環確保つまり胸骨圧迫を行う必要があります。

- 胸骨圧迫は、胸骨剣状突起（みぞおち）より1〜2横指上の胸骨部分（胸の中央）に手掌をあて、救助者の体重を垂直にかけるように、胸骨を圧迫します（3.5〜5cm押し下げるように）。10秒間に15回のペースで30回、連続的に行います。

AED: 自動体外式除細動器が誰でも使えるように！

　近年、消防署などで、救命救急の講習が行われています。最近、この講習に、呼吸停止、心停止による死亡を防ぐため、自動体外式除細動器（AED）の取り扱いが加わりました（2004年7月から誰でもAEDを扱う事が出来るようになりました）。心停止等が発生した場合、早期にAEDを使用できれば、死亡をくい止めることも可能です。AEDが多くのスポーツ施設に設置され、より多くのスポーツ関係者がAEDを取り扱えば、スポーツ活動中の突然死をかなり防げることでしょう。

　早稲田大学の各キャンパス内にはAEDが設置してあります。設置場所など詳細は早稲田大学総務部環境安全管理課のWebサイト（https://www.waseda.jp/top/about/work/organizations/general-affairs/safety/aed）を確認し、緊急時に備えるようにしましょう。

（坂本　静男）

2 | 熱中症

　暑い環境でおこる障害を総称して熱中症と呼びます。大きく分けて、熱けいれん、熱失神、熱疲労、熱射病の4つの状態があります。熱射病は死亡の危険性が高い状態です。

熱中症 — 4つのタイプ

(1) 熱けいれん

脚、腕、腹部などの痛みを伴ったけいれんがおこります。暑熱環境で長時間の運動をおこなったときに、水分のみ補給して食塩補給をしないと発生する危険性があります。

(2) 熱失神

長時間の立位や運動直後に、脳血流が減少して、めまいや失神をおこします。

(3) 熱疲労

脱水で、ショックに似た状態で、熱射病(重症)の前段階です。脱力感、倦怠感、めまい、頭痛、吐き気など、症状が強い状態です。

(4) 熱射病 (重症)

熱射病は、体温が上昇して脳や内臓の障害が明らかになり、死亡する危険性が高い状態です。40℃以上の高体温と意識障害 (応答が鈍い、言動がおかしい、意識がない) が特徴です。とくに初期の意識障害の「応答が鈍い」や「言動がおかしい」に注意しましょう。赤褐色の尿 (ミオグロビン尿) [P.174参照] がでることがあります。

① 熱射病 (意識障害) のときは救急車の手配と気道確保 (救急処置)
② 涼しく風通しのいい場所に移し、衣服をゆるめて寝かせる。
③ スポーツドリンクで水分補給
④ 熱射病や体温上昇のときは冷却処置
⑤ 熱射病以外でも症状が続くときは病院へ搬送する。

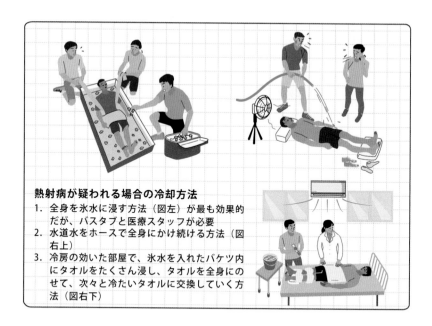

熱射病が疑われる場合の冷却方法
1. 全身を氷水に浸す方法（図左）が最も効果的だが、バスタブと医療スタッフが必要
2. 水道水をホースで全身にかけ続ける方法（図右上）
3. 冷房の効いた部屋で、氷水を入れたバケツ内にタオルをたくさん浸し、タオルを全身にのせて、次々と冷たいタオルに交換していく方法（図右下）

対策知って絶対予防！ 熱中症

　熱中症はいくつかの要因が重なって発生しますので、すべての発生要因に対する対策が必要です。

⑴　環境条件を把握する

　暑さの指標はWBGTという指数が最も確実です。日本スポーツ協会からWBGTによる「熱中症予防のための運動指針」がでています。WBGT計で測定し、WBGTの高いときは、運動時間や量を減らすことが必要です。夏期は練習を早朝や夕方に設定することも必要です。環境省熱中症予防情報サイトにWBGT予報［次頁HP参照］がありますので、利用しましょう。

⑵　水分を補給する

　水温5 ～ 15℃に冷やして、0.1 ～ 0.2％の食塩、4 ～ 8％の糖を含む飲料（スポーツドリンクなど）がよいとされています。運動前に比較して運動後の体重の減少が2％以内になるように補給します。「喉のかわき」に応じて自由に補給すると適量が補給できるとされています。

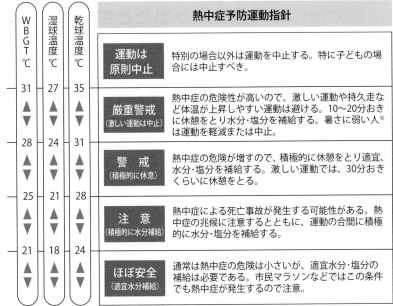

WBGT ℃	湿球温度 ℃	乾球温度 ℃	熱中症予防運動指針	
31	27	35	**運動は原則中止**	特別の場合以外は運動を中止する。特に子どもの場合には中止すべき。
↑↓ 28	↑↓ 24	↑↓ 31	**厳重警戒**（激しい運動は中止）	熱中症の危険性が高いので、激しい運動や持久走など体温が上昇しやすい運動は避ける。10〜20分おきに休憩をとり水分・塩分を補給する。暑さに弱い人※は運動を軽減または中止。
↑↓ 25	↑↓ 21	↑↓ 28	**警　戒**（積極的に休息）	熱中症の危険が増すので、積極的に休憩をとり適宜、水分・塩分を補給する。激しい運動では、30分おきくらいに休憩をとる。
↑↓ 21	↑↓ 18	↑↓ 24	**注　意**（積極的に水分補給）	熱中症による死亡事故が発生する可能性がある。熱中症の兆候に注意するとともに、運動の合間に積極的に水分・塩分を補給する。
↑↓	↑↓	↑↓	**ほぼ安全**（適宜水分補給）	通常は熱中症の危険は小さいが、適宜水分・塩分の補給は必要である。市民マラソンなどではこの条件でも熱中症が発生するので注意。

［日本スポーツ協会 2019］

1）環境条件の評価には WBGT（暑さ指数とも言われる）の使用が望ましい。

2）乾球温度（気温）を用いる場合には、湿度に注意する。湿度が高ければ、1 ランク厳しい環境条件の運動指針を適用する。

3）熱中症の発症のリスクは個人差が大きく、運動強度も大きく関係する。運動指針は平均的な目安であり、スポーツ現場では個人差や競技特性に配慮する。

※暑さに弱い人：体力の低い人、肥満の人や暑さに慣れていない人など。

(3) 個人差を考える

熱中症になりやすい人（肥満、体調不良、有疾患者）に対する配慮が必要です。また、体が暑さに慣れるのに 1 週間程度かかりますので、暑さに慣れていない時期は運動量を減らしましょう。

(4) 暑いときは薄着にする

暑いときに熱のこもりやすいウインドブレーカーなどを着ていると危険です。

参考文献

・環境省熱中症予防情報サイト　http://www.wbgt.env.go.jp/

・同スマートフォンサイト　http://www.wbgt.env.go.jp/sp/

・携帯型熱中症計（WBGT 近似値）1 台 1,050 円程度〜

（赤間　高雄）

3 | 運動後に赤褐色の尿が出たとき

運動後にみられる赤～赤褐色の尿は3種類ありますが、見た目では区別できません。なかでもミオグロビン尿（横紋筋融解症）は重症です。

ミオグロビン尿（横紋筋融解症）

激しい運動によって筋肉（横紋筋）が壊れると、筋肉痛がおこる以外に筋肉にあるミオグロビンという物質が血液に入って腎臓に流れていき、赤褐色（紅茶色やコーラ色）のミオグロビン尿がでます。ミオグロビンは腎臓に毒性をもち急性腎不全をひきおこし、**治療が遅れると死亡する場合があります**。

(1) 症状

筋肉痛、筋の脱力、赤褐色尿、筋腫脹、吐き気、背部痛などがあります。ミオグロビン尿（横紋筋融解症）の診断には病院での検査が必要です。腫脹を伴った強い筋肉痛や筋脱力の持続は要注意です。赤色、紅茶色やコーラ色の尿がみられたときは、ただちに病院を受診してください。

(2) おこりやすい場合

過度な運動による筋損傷、非鍛錬者の急なトレーニング、1つの筋にかたよった負荷、筋の長時間の圧迫、熱射病（高温多湿環境、暑さに慣れていないとき）、脱水、飲酒、体調不良。

(3) 対処

病院に入院して点滴治療をする必要があります（**図1**）。

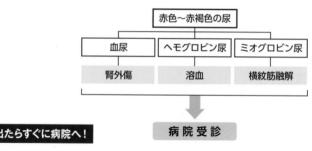

図1 赤褐色の尿が出たらすぐに病院へ！

- とくに非鍛錬者では運動負荷の増加は１週間で 10%以下にしましょう
- 蒸し暑いときは、運動負荷を増やさないようにしましょう
- 運動時は十分な水分補給を行いましょう
- 練習前日の飲酒はひかえましょう
- 日ごろから体調管理を心がけましょう

血尿

　脇腹や腰を打撲した後で赤い尿がでたときは、腎臓が傷ついている可能性があります。腎臓で作られた尿に血液が混入したものが血尿です。打撲後しだいに痛みが強くなり、気分が悪くなって冷や汗がでることもあります。病院で緊急に検査と治療が必要です。

ヘモグロビン尿

　血管の中で赤血球が壊れて（溶血）、血液中に赤血球中のヘモグロビンが放出されると、ヘモグロビン尿がでます。足底に強い衝撃が繰り返されるスポーツでよくおこります。運動後のヘモグロビン尿はあまり心配ありません。しかし、尿の見た目ではミオグロビン尿や血尿とは区別できないので、赤い尿がでたときは必ず病院へ行きましょう。

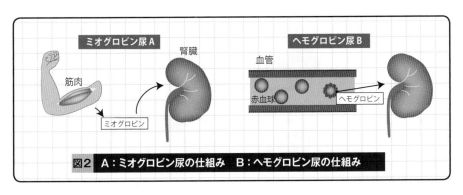

図2　A：ミオグロビン尿の仕組み　B：ヘモグロビン尿の仕組み

（赤間　高雄）

4 運動誘発性喘息

運動によってひきおこされる気管支喘息発作をいいます。運動以外でも喘息発作をおこす人と運動以外では発作をおこさない人がいます。

運動誘発性喘息が起こる原因

- 運動によって呼吸が多くなり、冷たい空気による気道の刺激 (気道からの水分と熱の損失) によって喘息発作をおこします。
- 発作を誘発する運動の種類は、ランニングは多く、水泳は少ない (気道の乾燥がない) 傾向があります。
- 発作のおこしやすさは、運動の強さと継続時間に比例します。激しい運動を6〜8分以上持続すると発作がおこりやすくなります。
- もともとの喘息の状態が悪いと運動によっても発作をおこしやすくなります。

運動誘発性喘息の症状

気管支喘息 (喘息) の発作は咳だけのこともありますが、息をはき出すときにヒューと音がして一気にはき出せない状態になり、呼吸困難をおこすこともあります。これは、気管支の平滑筋が収縮し、気管支の粘膜が腫れ、粘膜からの分泌物が増加して、気管支の内腔が狭くなるためです (**図1**)。

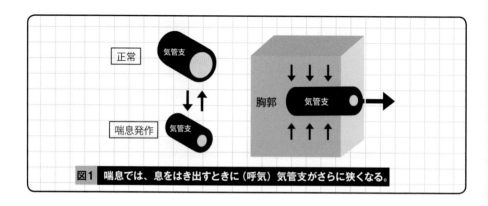

図1 喘息では、息をはき出すときに (呼気) 気管支がさらに狭くなる。

　運動開始5〜6分後から発作が始まる場合と、運動して6〜9時間後に発作がおこる場合があります。

運動誘発性喘息の治療

　発作がおこったら、運動は直ちにやめて安静にします。多くの場合は20〜30分の安静で落ち着きます。症状の強いときは気管支拡張吸入薬などの発作止めの薬物を使用します（**図2**）。なお、薬物使用の際は、ドーピング禁止薬物についての注意が必要です［P.113参照］。

図2	気管支拡張吸入薬の使用

〜運動誘発性喘息の予防法〜

- 暖かく、湿った環境で運動をする
- マスク（スキーなどでは可能）
- 鼻呼吸をこころがける
- ウォームアップを十分に行う
- 薬物治療（喘息の治療薬はドーピング禁止薬物が多い）

（赤間　高雄）

5 | 過換気症候群

　過換気症候群とは、浅く速い過剰呼吸のために起こるもので、狭い部屋での会議やインターバルトレーニングの際に認められることが多いです。スポーツ選手でよく認められる、内科的急性障害の1つでもあります。

過換気症候群のメカニズム

　過換気症候群のメカニズムを、**図1**に示してあります。過度の緊張や不安、怒りの抑制といった精神的ストレスや、疲労、発熱、痛み、激しい運動といった身体的ストレスが誘因となって起こる過換気が、キーファクターになっています。

　過換気が起こると、呼気中に炭酸ガスが過剰に排泄され、肺胞内の炭酸ガス分圧が低下します。また同時に動脈血炭酸ガス分圧も低下し、血液がアルカリ性に傾いた状態になります（呼吸性アルカローシス）。これに不安などのストレスにより交感神経が刺激されてきます。このようなことが、呼吸器症状・循環器症状・脳神経症状・末梢神経症状・筋症状・消化器症状・全身症状といった多種多様な訴えを示してきます。

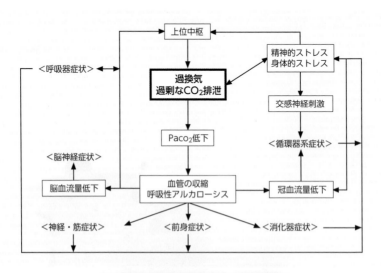

図1　過換気症候群のメカニズム

Section 7 アスリートのメディカルケア

過換気症候群の症状

　過換気症候群の症状を、**表1**にまとめてあります。症状を起こす前の状態を知らずに突然に診せられた場合には、特に中高年者の場合には脳血管障害（脳梗塞、脳出血）と誤診してしまうこともありえるものです。特徴的な点は、以下のような徴候を示すことです。

- ●傾眠傾向（意識はあるがすぐに眠ってしまう）
- ●両手がテタニー様硬直性痙攣（外科医が手袋をはめるときのような手の格好）
- ●空気飢餓感（酸素が足りない感じ）の訴え
- ●四肢のしびれ感・脱力感　　●動悸・吐き気
- ●腹部膨満感（おなかが張った感じ）　●呼吸促迫（呼吸が速く、浅い）　など

表1　過換気症候群の症状

器官	症状
呼吸器系	呼吸困難感（特に吸気）、呼吸促迫（浅く速い呼吸）、空気飢餓感など
末梢神経・筋肉系	四肢のしびれ感に振戦、硬直性痙攣（テタニー様）、知覚過敏など
脳神経・精神系	めまい、不安、いらだち、意識障害、失神など
循環器系	胸部絞扼感、動悸、胸痛など
消化器系	悪心、嘔吐、腹部膨満感、腹痛、口渇感など
全身	脱力感、疲労感など

過換気症候群の予防

あせらずゆっくり深呼吸

　過換気症候群の予防あるいは処置としては、起こりそうに感じた時に意識的に深く、ゆっくりとした呼吸を行うように、きちんとカウンセリングをしておくことが重要です。この方法が基本であり、多くの場合この方法で症候は消失しますが、この方法で消失しない場合には、ペーパーバッグ法といって、口と鼻を同時に紙袋などで覆

い、呼気を再吸入させることも、窒息しないように注意して行えば、有効な場合もあります。肺胞内炭酸ガス分圧、動脈血中炭酸ガス分圧の低下を修正することになり、呼吸性アルカローシスが改善され、症候は良くなります。

　　なかには反復して過換気症候群を起こす人がいますが、そのような方には精神神経科医師によるカウンセリングが必要になってくる場合もあります。

（坂本　静男）

6 スポーツと不整脈

不整脈とは脈が規則正しく打たないことです。正常の方にも不整脈はありますが、心臓の病気や急激に脈が速くなるランニングなどのスポーツでも起こります。

スポーツでおこる突然死と不整脈の関係

メディカルチェックの必要性

不整脈は時にスポーツ中の突然死を起こします。突然死は「発症から24時間以内の予期せぬ内因性（体の中で起こる）の死亡」とされています。スポーツに関連した突然死例の大部分には、心臓に何らかの病気があり、死亡の直接の誘因となるのは重篤な不整脈です。しかし、不整脈があるすべての人がスポーツを行えないわけではありません。ですから、スポーツ参加の可否についてはメディカルチェックを受ける必要があります。

東京都監察医務院の統計によると、スポーツによる突然死は年間平均約130人であったといいます。アスリートの突然死の多くは、致死的不整脈が原因とされています。不整脈発作の早期発見と早期治療が救命率を上げると思われます。

突然死が多いスポーツは、40歳未満はランニング、40歳〜60歳はゴルフ、60歳以上はゲートボールと言われています。

スポーツによる突然死も不整脈が原因

　2002年の冬、スカッシュ練習中のＡさんが突然倒れ、40代の若さで亡くなってしまいました。原因は心室細動でした。心室細動は、心室の筋肉が細かく動く致死性の不整脈です。心室細動が起きると数秒で意識を失い呼吸も停止します。心臓を養う血管が詰まって起こる心筋梗塞（こうそく）や心臓振とう（胸部の強打）、心筋症（心臓の筋肉の病気）などが原因で起こります。不整脈による心臓突然死の多くはこの心室細動が原因とされています。スカッシュも突然死の多いスポーツの一つです。当日Ａさんがスカッシュをしていたコートには、心室細動を治療する自動体外式除細動器（AED）が配備されておらず、救急隊が医師の指示でAEDを使用しましたが間に合いませんでした。

キャッチボールのボールが当たり不整脈〜突然死
― 公園での事故に下った判例 ―

　2005年の冬に起った事例ですが「公園キャッチボールで暴投、当たった少年が死亡、親に賠償命令」という記事が新聞に掲載されました。キャッチボールでそれた軟式球が、見ていた少年の胸付近に当たり突然死した事故に対して損害賠償を求めた訴訟の判決です。この事故も胸部の強打による心臓振とう後に心室細動が起こったものと思われます。この訴訟では、心臓に当たれば死に至る可能性があると認識できたと判断され、親の監督不行き届きと言うことで賠償命令が加害者の親に下されました。

胸部へのコンタクトによる心臓振とう

　「心臓振とう」は、胸部の強打によって、心臓に衝撃が加わり心停止する事で、球技や体がぶつかりあう競技に多いようです。従って、胸部が強打される可能性のある競技スポーツの参加者や関係者は、外傷ばかりでなく、胸部の強打で死に至る心臓振とうや心室細動が起こる可能性のあることを念頭に置くべきでしょう。

AED：自動体外式除細動器が誰でも使えるように！

　近年、消防署などで、救命救急の講習が行われています。最近、この講習に、心室細動による死亡を防ぐため、自動体外式除細動器（AED）の取り扱いが加わりました（2004年7月から誰でもAEDを扱う事が出来るようになりました）。心室細動が発生した場合、早期にAEDを使用できれば、死亡をくい止めることも可能です。AEDが多くのスポーツ施設に設置され、より多くのスポーツ関係者がAEDを取り扱えば、スポーツ活動中の突然死をかなり防げることでしょう。

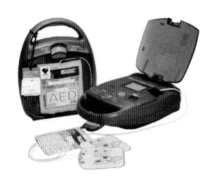

早稲田大学の各キャンパス内にはAEDが設置してあります。設置場所など詳細は早稲田大学総務部環境安全管理課のWebサイト（http://www.waseda.jp/top/about/work/organizations/general-affairs/safety/aed）を確認し、緊急時に備えるようにしましょう。

（坂本　静男）

7 │ オーバートレーニング症候群

オーバートレーニング症候群という言葉をきいたことがある人は、たくさんいると思います。しかし、正確にその内容を知っている人は少ないかもしれません。たとえば、野球の投球トレーニングのし過ぎで肩を壊してしまうのはオーバーユース（Overuse）による障害で、オーバートレーニング症候群ではありません。では、オーバートレーニング症候群とはどんな状態なのでしょうか。

オーバートレーニング症候群とは？

オーバートレーニングは、「過重なトレーニングと不十分な休息によって、長期間のパフォーマンス低下が生じる現象」とされています。オーバートレーニング によって生じる自覚症状や他覚的所見のまとまりを、オーバートレーニング症候群と呼びます。

この中で大切なの、数週間から数ヶ月間にわたって、調子が出ない、あるいは練習する気がおきないという特徴があることです。

ふつうは、激しいトレーニングをした後は疲れが残るものですが、それは一定の休息によって回復します。これが休息をとっているにもかかわらず、2ヶ月以上も残っているような場合には、オーバートレーニング症候群の可能性があると考えられます。

オーバートレーニング症候群の誘引には、クラブ内の人間関係や家族との関係、あるいは新入学などによる新しい競技環境への適応など、精神的・心理的要因もあると考えられています。

オーバートレーニング症候群の症状

オーバートレーニング症候群の症状は多彩ですが、疲労症状、精神・心理症状、自律神経機能異常、免疫機能低下に分けることができます。競技パフォーマンス低下と抑うつなど精神機能の障害があり、ほかの疾患の可能性が除外されれば、オーバートレーニング症候群と診断されます。

軽症では、軽症日常生活での症状は全くないが、トレーニング強度が上がるとついていけないレベルです。中等症では、軽度のトレーニングでもややつらく、日常生活でも症状が見られます。重症では、ほとんどトレーニングできない状態で、極度の疲労症状、不眠がみられます。

オーバートレーニング症候群の症状

疲労症状	自律神経機能異常
パフォーマンス低下 疲れやすさ、倦怠感 すぐ息が上がる 筋・関節痛 筋力低下 食欲不振 体重減少	めまい 立ちくらみ 動悸 胸部不快 嘔気・嘔吐 便秘 下痢 腹痛 睡眠障害 (不眠ないし過眠) 性欲減退 起床時の心拍数変化
抑うつ気分 自責感 意欲低下 興味の喪失 頭が働かない 注意力低下 不安 焦り 情緒不安定 自殺念慮	風邪を引きやすい 口内炎 口唇ヘルペス
精神・心理症状	免疫機能低下

予防するのは難しい

　オーバートレーニング症候群の初期は、通常の疲労とほとんど区別できません。したがって、オーバートレーニング症候群を予防するということは非常に困難です。また、あまりオーバートレーニング症候群に神経質になりすぎると、十分なトレーニング効果が得られません。2ヶ月以上の疲労回復の遅れと説明しましたが、2ヶ月も辛抱するのは長すぎると思います。2〜3週間にわたって上記のような症状が継続した場合には、オーバートレーニング症候群を疑うべきでしょう。

まずは気軽に相談を

　オーバートレーニング症候群の治療は、休息が原則です。アスリートは休むことへの抵抗感が強いので、リカバリーとしての休息の必要性を共有していくなど、心理的なサポートが必要です。休息によって回復してきた場合にも、すぐにトレーニングを開始せずに、徐々にゆっくりとトレーニング強度をあげていく、などの方法がとられます。

　不眠が生じることも珍しくなく、一時的に薬剤による治療が必要な場合もあります。その意味でも、オーバートレーニング症候群と診断するは、医師の問診や検査による正しい診断が望ましいと思います。

　スポーツ医科学クリニックの相談は、気軽に受けてもらってかまいません。あまりたいしたことはないなと思っても、気になることがあれば是非気軽に利用してください。

（内田　直／西多　昌規）

8 アスリートの貧血予防

貧血になると競技力が低下する！

血液中には1mm³あたり男性で約500万個、女性で約450万個の赤血球が存在しています。赤血球の中で多くを占めているヘモグロビンは鉄を含むたんぱく質で、体のすみずみに酸素を運ぶという大切な役割をしています。貧血とは赤血球あるいはヘモグロビンの量が少なくなった状態を指します。アスリートはたくさんの酸素を消費しながらトレーニングを行っているため、貧血になると酸素運搬が障害されて息切れや疲れやすさを感じ、有酸素的運動能力の低下に繋がり、練習がこなせなくなります。一般的には女性がなりやすいと言われていますが、アスリートでは男性も要注意です、特に運動量の多い選手は貧血になりやすいことが知られています。また、日常的にウエイトコントロールを行う審美系や持久系などの女性選手も、貧血予防のために十分な注意が必要です。

ほとんどが鉄欠乏性貧血

アスリートに見られる貧血は、ほとんどが鉄欠乏性貧血です。鉄欠乏性貧血は、ヘモグロビンの合成に必要な鉄が不足するために起こります。その原因には、食事から摂取する鉄が足りない場合、消化管からの鉄の吸収不良、出血、多量の発汗などが考えられます。　体内での鉄欠乏の状態をチェックするために定期的に血液検査を行うことをお勧めします。血液検査でヘモグロビンの基準範囲は男性14 ～ 18g/dL、女性は12 ～ 16g/dLとされており、WHOによる貧血の診断基準は男性13g/dL以下、女性は12g/dL以下とされています。

フェリチンは体内に蓄えられた鉄量を反映するもので、鉄欠乏状態の中で最も早く低下する敏感な指標です。フェリチンが低下した状態は潜在的な貧血であることを示していますので、食事をすぐに見直してください。ヘモグロビン値は最後に低下しますので、ヘモグロビンが低い場合には体内の鉄量は極度に減っていることになり、早急な食事改善が必要です。

定期的に血液検査を行い、自分のヘモグロビン、鉄、フェリチンの値をチェックしておきましょう。体調不良を感じるときには自己判断でサプリメントや鉄の市販薬をたくさん摂取するなどの対処をせず、スポーツドクターに相談してください。

鉄が多く含まれる食品や料理を積極的に取り入れる

　鉄は1日に約1mgが体外に失われていきますが、一般的な食事からは約10-15%程度しか吸収されません。また、日頃から食事内容に気を付けていないと摂取不足になりやすい栄養素でもあります。貧血を予防するためには、まずは鉄をたくさん含む食事を摂取することが大切です。鉄の多い食品には、レバーや赤身肉、赤身の魚、豆腐や厚揚げなどの豆腐製品、ほうれん草などの野菜類があげられます。これらを積極的に日々の食事に取り入れていきましょう。これらを使った鉄の多いメニューを**図1**に示しました。一人暮らしの場合は、スーパーやコンビニのお惣菜を購入しても構いません。貧血予防のための食事と、貧血になってしまった場合の食事ポイントは同じです。

焼き鳥レバー

牛もも肉と
野菜の炒めもの

かつおたたきや
マグロ赤身の刺身

目玉焼きなど卵料理

冷奴など豆腐料理

ほうれん草や小松菜の
おひたしや和えもの

図1 貧血予防にお勧めの鉄分豊富な料理

鉄の吸収を良くする食べ方

　適度なたんぱく質とビタミンCと一緒に摂取すると、鉄の吸収率が上がることが知られています。この観点から最も貧血予防に効果的と考えられる料理はレバニラ炒めと言えるでしょう。しかし、毎日レバニラを炒めというわけにはいきません。そこで、

147ページに示した「アスリートの食事の基本形」のように、スポーツ選手は主食、主菜、副菜、牛乳・乳製品、果物を毎食そろえて食べることがポイントです。このようにそろえた場合、主菜からはたんぱく質と鉄分を、副菜からは鉄分とビタミンCを、果物からはビタミンCを同時に摂取することができ、貧血予防に効果的な食べ方となります。一人暮らしなどで果物が取りにくい場合は、果汁100%のオレンジジュースかグレープフルーツジュースからビタミンCを摂取することも可能です。野菜も取りにくいと思いますが、野菜ジュースだけでは副菜の代用にはなりませんので、意識的に野菜を取るよう心がけましょう。

鉄剤注射やサプリメントの多用は避ける

　健康障害をもたらすリスクがないとみなされる習慣的な摂取量の上限は耐容上限量として示されており（152ページの**表1**参照）、1日あたりの鉄の耐容上限量は男性50mg、女性40mgです。サプリメントを安易に利用すると、この量を超えることがありますので注意しなくてはなりません。また、鉄剤注射を自己判断で受けるケースもありますが、鉄剤注射は投与量が多くなりがちで、鉄が肝臓、心臓、膵臓、甲状腺、内分泌臓器や中枢神経などに沈着して機能障害を起こすことがあります。このように、鉄を摂りすぎると、かえって体にとって害になることがあるということを覚えておいてください。

　治療が必要な場合にはスポーツドクターの指導のもと、公認スポーツ栄養士に相談しながら日々の食事の充実を心がけるようにすることが大切です。

（田口　素子）

9 | 運動性無月経

　女子スポーツ選手ではあまりに激しいトレーニングを続けていると月経が止まってしまうということを聞いたことがあると思います。このように、運動によって引き起こされる月経の停止を運動性無月経と呼びます。実際に非常にトレーニング量の多い選手たちの中でも、持久性の競技の選手に特に多く見られます。

運動性無月経のメカニズム

　運動によって月経が停止してしまう理由は現在のところ以下のように考えられています。

❶ 長時間の激しいトレーニングは身体にとっても心にとっても非常に高いストレスになります。

❷ 高いストレスが加わると、脳の中のストレスに反応する部分で変調が起こります。

❸ その部分はその下位器官に働きを抑える信号を出し、さらに下位器官はまたその下位器官に働きを抑える信号を出し、という具合で最終的に女性ホルモンの分泌が抑えられてしまいます（**図1**）。

❹ その結果、女性にとって正常なホルモン周期が失われ、月経が停止してしまいます。最近はトレーニングで使うエネルギーに対して、食事で摂取するエネルギーが足りないことも原因と考えられています。

3ヶ月以上月経がない状態を医学的に無月経と分類します。

放置は絶対禁物！

　一般に年齢が若いほどホルモンの分泌が安定せず、中学生や高校生ではそれほど激しいトレーニングでなくても周期が乱れたり、精神的なストレスでも無月経になったりします

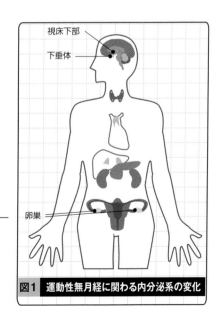

視床下部

下垂体

卵巣

図1 運動性無月経に関わる内分泌系の変化

が、大人になるにつれて安定した周期になります。

　かつて、**無月経は一流選手ではあたりまえで放置してよい、と考える指導者が少なくなかったようですが、女子選手の健全な体調管理という面では放置して良いはずがありません。**

　月経直前や月経中は女子選手にとってコンディションがあまり良くないため、月経のない状態を楽だと感じてしまいがちですが、女性の身体にとっては問題です。

骨や筋肉も危険 !?

　女性ホルモンを含む月経現象に関連するホルモンは全て、女性の身体の機能を正常に維持するために働いています。従って、これらのホルモンが減っている状態は身体のさまざまな機能が危険にさらされた状態と言っても過言ではありません。例えば、骨を作る働きは低下し、骨密度が減ってしまい疲労骨折が起こりやすくなります。筋肉や腱のけがも無月経の選手では多いという研究者もいます。

まずは基礎体温でコンディションチェックを！

　スポーツ選手は自分の体調（コンディション）を良い状態に保つために、栄養や睡眠に気を配っているはずです。女子選手にとって、良いコンディションの中に「ホルモンの状態が健全で規則的な月経がある」という項目も含まれます。もし、周期が乱れがちであるとか、１〜２ヶ月来ないことがあるようならば、基礎体温をつけてみて下さい。専門医に相談する場合も基礎体温の記録があると役立ちます。

　あまりに長い間無月経を放置するといざ治療を開始しても簡単には治らない場合があります。また、無月経の原因が激しいトレーニング以外の場合もありますので、専門医に相談することを勧めます。

（鳥居　俊）

10 肝機能障害

血液検査の結果で、肝臓が何らかの原因によって障害されていることが明らかになった状態を言います。肝臓は「沈黙の臓器」と言われて、障害がかなりひどくならない限り自覚症状はほとんどありません。

〈肝機能障害の原因〉

肝機能障害の原因はたくさんありますが、スポーツ選手で問題になるのは、ウイルス性肝炎と脂肪肝です。

ウイルス性肝炎

肝炎ウイルスは、A型、B型、C型、D型、E型の５種類が知られています。

A型とE型は食物から感染して急性肝炎をおこします。

A型は生の貝や海産物から感染することが多く、衛生状況の悪い地域で感染します。２～６週間の潜伏期間後に発熱、倦怠感、血液検査異常（ALTまたはGPT高値、ASTまたはGOT高値）、などがみられ、ほとんどは１～２ヵ月で回復しますが、まれに劇症肝炎になって死亡することがあります。加熱したものを食べましょう。

E型は野生動物の肉や豚のレバーの生食が原因になり、A型に似た経過ですが、A型よりも死亡率が高いと言われています。加熱した食品は大丈夫です。

B型、C型、D型は、血液で感染して急性肝炎の後に慢性肝炎になります。

B型は成人が感染した場合には慢性化することは少ないですが、急性期は劇症肝炎で死亡することがあります。

C型肝炎は急性期の劇症肝炎は少ないですが、慢性化することが多いと言われています、慢性肝炎はやがて肝硬変や肝細胞癌になることがあります。

表1	ウイルス性肝炎	
	感染経路	肝疾患
A型	食物	急性肝炎
B型	血液	急性・慢性肝炎
C型	血液	急性・慢性肝炎
D型	血液	急性・慢性肝炎
E型	食物	急性肝炎

〜 ウイルス性肝炎の対処と予防 〜

- 自覚症状はない場合が多いので、定期検診で血液検査をうけましょう。
- 生の魚介類や生肉で感染することがあります。
- とくに接触スポーツでは、他人の血液に触れないように注意しましょう。血液に触れた場合はすぐに水道水で洗い流してください。けがで出血したときは、他人に血液が触れないように止血してからプレーしましょう（**図1**）。
- 血液で感染するタイプは性交渉でも感染する可能性があります。
- B型は、C型やエイズよりも感染力が強いと言われています。
- A型とB型についてはワクチン（予防注射）があります。
- B型肝炎とC型肝炎の治療は著しく進歩しました。

図1　出血の処置はゴム手袋で

脂肪肝

　脂肪肝は肝臓に中性脂肪が多量に蓄積して、肝臓の機能が障害された状態です。カロリーのとりすぎ、飲酒、肥満、糖尿病などが原因です。自覚症状はほとんどありませんので、血液検査をうけることが大切です。食事や飲酒などの原因となっている生活習慣を是正することが治療ですので、食事指導をうけて実践するようにしましょう。

（赤間　高雄）

11 | バーンアウト症候群

バーンアウト症候群とは

　バーンアウト症候群は、日本では燃え尽き症候群と訳されています。教師や医療従事者など、対人援助職に多く見られますが、スポーツ選手にもしばしばバーンアウトは生じます。

　スポーツに関連したものでは、目標に向かって、きついトレーニングに耐えて頑張った末に、燃え尽きてしまったように競技に対する意欲がなくなってしまう状態に対して使われることが多いようです。

　バーンアウト症候群は、これまでは医学用語ではなく、一般的な用語として使われてきました。しかし、世界保健機関（WHO）による国際疾病分類の最新版（ICD-11）では、燃え尽き症候群が初めて疾患として分類されることになりました。世界でも、問題となってきている疾患でもあるということになります。

バーンアウト症候群の症状

　バーンアウト症候群の症状は、以下の３つに分けられます。

- ●情緒的消耗感（やる気がなくなる）
- ●個人的達成感の低下（達成感がなくなる）
- ●脱人格化（人柄が変わる）

　情緒的消耗感とは、意欲や熱意が燃え尽きて、疲れている状態のことです。これまで楽しいと思っていたこと、やりがいを感じていたことに、突然やる気を失ってつまらないと感じてしまう、といった症状がみられます。

　個人的達成感の低下は、それまで得られていた達成感が得られなくなることをいいます。達成感がなくなることで、やりがいの喪失や自尊心の低下につながり、情緒的消耗感も強くなります。

　脱人格化とは、たとえば同僚や先輩、後輩などに対して、攻撃的な態度や思いやりに欠ける行動をとるなど、もともとの人格とは異なってしまうようになることです。

スポーツ現場でのバーンアウト症候群

スポーツ現場では、バーンアウトになる状況はたくさんあります。やってやってやり尽くした末に結果が出なかったというのは、代表的なケースでしょう。努力に末に自分の目標に達してしまい、次の目標を見いだせないときも、バーンアウトにあてはまるかもしれません。

またチームスポーツなどトレーニングの中では、努力しても選抜されないという個人の人格を指導者が見てくれないという感覚、そしてこれだけやっても達成できなかったという挫折感、などが組み合わさった状況を示しています。

このような状況は、厳しい競技スポーツの中ではしばしば起こることです。予期しなかった

アスリートのバーンアウト　4つの特徴

（アスリートバーンアウト尺度）

①競技に対する情緒的消耗
「競技生活にうんざりした」、「練習が嫌でたまらない」

②個人的成就感の低下
「周りから認められていない」、「チームに貢献していない」

③チームメイトとのコミュニケーションの欠如
「チームメイトから迷惑だと思われている」
「うまくコミュニケーションできない」

④競技への自己投入の混乱
「競技生活に価値が持てない」、「練習に身が入らない」

アスリートのメンタルケア　内田 編 大修館書店店より

怪我から、もう少しで仕上がるときに競技から離脱してしまったとき。あるいは、チームスポーツなどでは、監督の方針が変わってしまい、トレーニングが競技の向上に役立ってないと感じるときなど、いろいろなケースが考えられます。

サポートが可能な場合

バーンアウト症候群にもっとも頻繁にみられるのは、「うつ状態」です。うつ状態は、オーバートレーニングにも似ていますが、意欲がわかない、これ以上やってもだめじゃないかと悲観的になってしまう、また身体的にも食欲が出ない、食べ物が美味しくない、よく眠れない、あるいは、体の痛みが取れない、などという症状が多く出現します。このような場合には、カウンセリングや必要に応じた医学的な治療を行います。

うつ状態では、練習に行けずに、引きこもってしまうこともあります。このようなケースでは、一人で悩んでしまうことも多く、ぜひスポーツドクターやスポーツ心理士に相談してください。競技の現場の状況も考えながら、本人の希望にも配慮した相談をしてくれると思います。

（内田　直／西多　昌規）

12 | 急性期および亜急性期の応急手当

アイシングの適用について

　スポーツ選手であればケガに対する応急処置としてアイシングやその方法を示す言葉として RICE 処置を一度は耳にしたことがあると思います。RICE は次の4つの 英単語の頭文字からなる造語です：Rest（安静：運動を中止し、患部を動かさない）、Ice（冷却：氷を使って患部を冷却する）、Compression（圧迫：弾性包帯を使って患部を圧迫する）、Elevation（挙上：患部を心臓よりも高い位置に上げる）。

　ケガをした直後に RICE 処置を実行することで、痛みが和らぐだけでなく腫れを抑えられることが期待されます。

過剰な冷却はかえって治癒を遅らせる

　近年では急性期の応急手当として患部を冷却することに必ずしもメリットはないという見解もあります。それは、急性期の患部で発生している炎症反応を阻止することが結果として血管の新生や再生の遅延や、未熟な筋繊維の増加に繋がる可能性が示唆されているためです。そのため、痛みを和らげる目的としての冷却以外は、損傷した組織の治癒をむしろ遅らせる可能性があるとして注意喚起されています。

　そこで新たに登場したのが PEACE&LOVE という造語です。PEACE&LOVE では PEACE が急性期、LOVE が亜急性期に留意すべき対応についてまとめています。スムーズな競技復帰のためには、ケガをした直後の痛みや腫れのコントロールに注目するだけでなく、適切な負荷を患部にかけながら損傷した組織の修復を促しながらしっかりと治癒させることが重要です。

Protection	保　　護	受傷後の最初の数日間は、痛みを増す活動や動きを避ける
Elevation	挙　　上	できるだけ頻繁に負傷部位を心臓より高く挙上する
Avoid anti-inflammatories	抗炎症剤を避ける	組織の治癒を阻害するため、抗炎症薬の服用やアイシングは避ける
Compression	圧　　迫	弾性包帯やテーピングを用いて腫れを抑える
Education	教　　育	過度な受動的治療（例えば電気治療や鍼治療など）はこの時期には必要ないことを患者に教育する
&		
Load	負　　荷	受傷日から数日経過した後は、痛みの憎悪がない範囲で負荷をかけることで組織治癒を促す
Optimism	プラス思考	前向きな思考は良い復帰過程と関連している
Vascularisation	血管新生	痛みのない範囲で有酸素運動を行い損傷部位への血流量を増やす
Exercise	運　　動	痛みのない範囲で、患部の可動性・筋力・固有感覚の再獲得を促すことを目的とした運動療法を行う

参考文献

Dubois B, Esculier JF. Soft-tissue injuries simply need PEACE and LOVE. Br J Sports Med. 2020;54(2):72-73.

（スポーツ科学学術院　准教授　細川　由梨）

13 脳振盪・意識障害

　脳振盪は頭に強い衝撃を受けたときに、ぼぅーっとしたり記憶が飛んだり、場合によっては意識が一時的になくなるような状態を指します。ラグビーやアメリカンフットボール、サッカーなどでは比較的高頻度におこります。

　脳振盪の医学的な定義では「脳に加わった外力により一過性の意識障害をきたすもので、器質的変化を残さないもの」とされています。

脳振盪の症状

　多くの脳振盪の症状は一時的なもの（一過性）で、数十分から数時間でほとんど治ってしまいます。ただ、意識障害という用語が誤解を招きやすく、失神がなければ脳振盪ではないと思っている選手や指導者も多いようです。しかし、何となくはっきりしない状態、記憶が飛んでしまった状態は全て意識障害と考えなければいけません。従って、実際の脳振盪の発生数は調査された数よりもずっと多い可能性があります。器質的変化というのは外力を受けた脳や脳の細胞に生じる"形に残る変化"という意味で、傷がつく、あるいは壊れるというような変化を意味します。

> 　最近では脳振盪の全てで本当に器質的変化がないかどうかに関しては疑問視されており、現在行われている画像検査（CT、MRIなど）で発見できる変化がないだけであるかもしれません。実際、脳振盪を頻回に経験したスポーツ選手では引退後さほど年をとらないうちから脳の老化症状が現れたという報告があります。

脳振盪の発生メカニズム

　脳は硬い頭蓋骨の中に守られていますが、さらにその中で硬膜という袋と脳脊髄液に包まれています。頭に強い衝撃を受けるとき、頭蓋骨の中で脳が揺らされたり回転したりします。その際、脳自体が衝撃を受けることや脳と硬膜とを結ぶ血管が損傷されることで脳振盪の症状がおこると考えられています（**図1**）。より強い衝撃を受けた場合には血管が切れて脳の周囲で出血するため重大な事故（硬膜下出血など）になります。

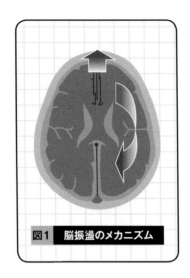

図1　脳振盪のメカニズム

脳振盪が起こってしまったら…？

　まず、脳振盪が疑われる状態の選手は当日の練習や試合には参加させてはいけません。

　その理由は、脳振盪の重症度が発生直後の症状のみでは判断しきれないからです。脳振盪より重症な硬膜下出血でも、直後にはっきりした意識障害がなく、時間経過とともに頭痛や吐き気が強まり、意識障害が明確になる場合があります。従って、脳振盪が疑われる選手はサイドラインか、休憩できる場所に連れて行き、自覚症状や脳振盪の徴候の検査（**表1**）をします。また、そのような選手を独りにせず、変化を観察することが大切です。

　強い頭痛や吐き気、意識障害が明らかな場合は、脳振盪よりも重症な事態が発生していると考えて、救急車を呼んだり、近隣の脳神経外科を受診したりするべきでしょう。

　脳振盪後のスポーツへの復帰に関しても、これまで明確な指針がありませんでした。そのため、症状が消えた時点ですぐに頭部に衝撃の加わるスポーツに復帰し、再度の受傷をして死亡や重大な後遺症が残るような事故（セカンド・インパクト症候群）が国内でも発生し、少なくとも安全に段階を踏んで復帰することが提案されました。

　現在、脳神経外科の専門医は**表2**に示すような6段階を経ていくのが望ましいという意見を出しており、チームドクターやトレーナーのような医療資格者がいない場合は2週間以上完全な安静期間を置いた上で6段階を経るように勧めています。

表1 脳振盪の症状、徴候

自覚症状	身体所見	行動変化	認知障害
頭痛、めまい	意識消失	状況に合わない感情	反応時間遅延
ぼぅーっとする	無表情、鈍い反応	興奮	混乱、見当識障害
吐き気	嘔吐	神経質	注意・集中障害
眠気など	不適切な行動	心配性	前後の記憶がない
	両脚でも安定しない		

表2 復帰までの段階

段階	内　容
1	発生後最低24時間の運動の中止 （医療資格者管理下でなければ14日間）
2	軽い有酸素運動　24時間 （ウオーキング、水泳、固定式自転車など運動強度は70%未満に）
3	専門動作の練習　24時間 （ランニングドリル、頭部への衝撃のない運動）
4	衝突のないトレーニング （より複雑な動き、漸増負荷のレジスタンストレーニングなど）
5	通常どおりの接触・衝突のあるトレーニング （医学的なチェックを受けた上で参加）
6	競技復帰

（鳥居　俊）

14 | 骨 折

　骨の連続性が断たれた状態を骨折といいます。スポーツ外傷による骨折の頻度は比較的高く、発生原因は、競技時の転倒、転落、衝突など直接外力が加わって生じるもの、投球動作など、競技によって繰り返し同一部位にストレスが加わって生じる疲労骨折がみられます。

一般的な骨折の症状

　骨折すると骨折部の圧痛がみられ、じっとしていても痛み、動くと更に痛みが増悪します。骨折の型によっては外から変形、骨折部の可動性や軋轢音がみられます。また、骨折部からの出血により局所は腫れ、時間が経つと周辺部も腫れてきますので初期治療が重要となります。これらの症状の他に、骨折部位での神経や血管の損傷の有無や関節周辺での関節脱臼の鑑別が必要となります。

骨折が疑われた場合の応急処置

　スポーツの現場で骨折が疑われた場合は患部を固定、挙上、冷却し、すみやかに整形外科を受診することが必要です。固定は、手足の骨の場合は骨折部を安定させるために上下2つの関節を固定すること、脊椎の場合はあお向けで安定した状態で寝かせて運搬することが重要です。

要注意！　― 出血をともなう骨折 ―

　創（傷）がある場合には、汚染されていれば水道水で洗い（消毒セットがあれば消毒する）、清潔なガーゼや布で圧迫して固定するべきですが、多量の出血や激しく汚染されている場合は圧迫固定で早急に整形外科を受診するようにして下さい。

■ 骨折のレントゲン写真

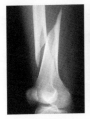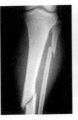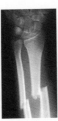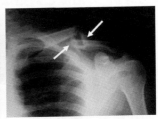

大腿骨
（ふとももの骨）

腓骨
（ふくらはぎの骨）

前腕骨
（腕の骨）

鎖骨
（肩の骨）

骨折の治療とリハビリ　── 早期復帰のために ──

　スポーツ選手の骨折の治療は、いかに早期に競技復帰するかが重要なポイントとなります。スポーツ選手に限らず、骨折が治癒するには一定期間の局所の安定が必要となります。整復後に骨折部を安定させるために上下２関節のギプス固定を行いますが、長期間のギプス固定は周辺の筋肉の萎縮（細くなること）や関節の拘縮（硬くなること）を起こします。これらの変化をできるだけ少なくするために、患部以外のトレーニングは可能な限り早くから行うことがポイントです。

　また、整復出来ない場合や長期間整復位を保つことが困難と判断された場合には、手術療法が選択され早期にリハビリテーションを行うことになります。

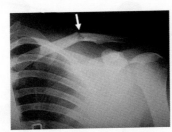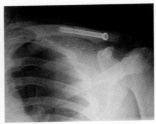

▲ 鎖骨骨折の手術治療前（左）と手術治療後（右）

‘疲労骨折’の治療と対処法

　疲労骨折では患部の安静を保つことが第一で、患部以外のコンディショニング管理も大切です。治療法の選択は、骨折した選手自身とその家族、チーム関係者やトレーナーとメディカルスタッフの話し合いの中で決定されるものです。その結果、個人個人の状況に見合った治療が行われることで競技の早期復帰が可能となります。

予防が重要！疲労骨折

　予防対策として、グランドや器具の整備や自然環境への対策が必要です。装具や各種パッドの装着（特にコンタクトスポーツ）、転倒し易い服装や靴を避けることも効果があります。疲労骨折については、同じ運動だけを長期間継続することや急激に運動量を増やすことは避けるべきです。（詳細はP.216「疲労骨折・シンスプリント」参照）

（橋本　俊彦）

15 | 脱　臼

　脱臼は一般的に骨の関節が外れる「関節の脱臼」が知られていますが、スポーツでは「腱の脱臼」も起こることがあります。

関節の脱臼

　骨と骨を連結している部分を関節と呼び、安定性を保つために関節包や靭帯などによって補強されています。スポーツによる外傷性関節脱臼は、競技時の転倒、衝突などによって関節が破綻し、関節面相互が完全に接触を失った状態をいい、肩や肘、手首、指、膝などにみられます。

　写真1はスポーツによる外傷性関節脱臼で最も頻度の高い肩関節前方脱臼で、上腕骨骨頭（腕の骨）が関節窩（肩甲骨の上腕骨が納まるところ）から完全に外れています。**写真2**は周辺組織を傷つけないよう愛護的に整復した後で、上腕骨骨頭と関節窩が正常な関節面の位置を保持しています。

(1)　脱臼の症状と応急処置

　転倒や衝突の後、完全に曲げ伸ばしができなくなり、関節周囲に痛みや独特な変形、手足の長さの変化などがみられたら、患部を冷却しながら三角巾や布などで安定させます。過去に脱臼をしたことがあって、脱臼を繰り返すものを反復性脱臼と呼びます。この場合関節周囲の損傷組織が修復されていないこともあって、軽く牽引することで比較的容易に整復されることもありますが、骨折などがあるかもしれませんので無理な整復を試みず、早急に整形外科を受診してください。

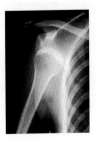

写真1
（左）脱臼位

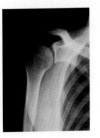

写真2
（右）整復位

(2) 脱臼の治療とリハビリ

関節脱臼の治療は整復、固定、運動療法が基本となります。整復時には、神経損傷の評価や骨折の有無を調べるための単純レントゲン検査が必要となります。愛護的な整復後に、装具や三角巾などで関節を固定します。

固定期間は損傷程度によりますが、損傷された組織が修復されるには3〜6週間は固定を要します。固定期間中から関節周囲の等尺性運動（関節をほとんど動かさないようにしながら力を入れる運動）を行います。固定期間終了後も筋力強化の継続が必要です。

反復性脱臼については手術療法が考慮されますので、競技に支障がある場合には整形外科を受診することをおすすめします。

(3) 関節脱臼の予防

スポーツによる外傷性関節脱臼の予防は、競技種目に適切な装具や各種パッドなどを装着し、無用な接触を避けるプレーを心掛けることです。また、関節周囲の柔軟性の維持、筋力強化のための基礎トレーニングも重要で、定期的な筋力維持・強化訓練や、練習前後のウォーミングアップとクールダウンを心掛けて下さい。

腱の脱臼

競技時の転倒、衝突などによって腱周囲に強力な外力が働いて、腱を固定している筋膜や靱帯が断裂すると、腱は支点となっている骨隆起を超えて脱臼します。

関節脱臼より発生頻度は低く、長・短腓骨筋腱、上腕二頭筋長頭腱、総指伸筋腱などでみられます。スポーツ外傷時に腱の脱臼が発生すると、これらの部位で痛みや変形、機能障害がみられます。局所の冷却、安静を保ち、整形外科を受診して下さい。競技に支障がある場合には手術療法も考慮されます。

（金岡　恒治／橋本　俊彦）

16 | 捻 挫

　スポーツの怪我の中で突き指と同じぐらい多いのが足首（足関節）の捻挫です。怪我はジャンプの着地や切り返し動作などで足をひっかけ、足首を強くひねった時に生じます（**図1**）。もっと細かく観察すると、足首が伸びた（底屈）状態で内側に強く曲げられて（内反）起こる場合が大半を占めていることが知られています。この時外側の前距腓靭帯と踵腓靭帯という2本の靭帯が傷つく場合が多くあります（**図2**）。

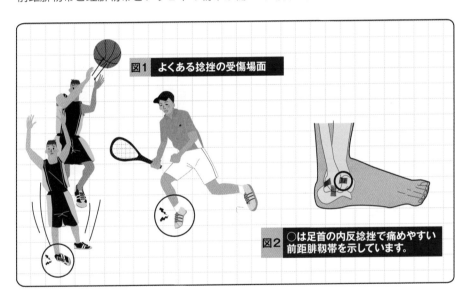

図1　よくある捻挫の受傷場面

図2　○は足首の内反捻挫で痛めやすい前距腓靭帯を示しています。

捻挫の症状とは？

　ひねった瞬間に強い痛みがあり、足首が徐々に腫れてきます、またその部位に圧痛（押した時の痛み）があります。症状のひどい場合は靭帯の断裂部からの出血も多く、その部分が徐々に腫れてきます。そして、1～2日たつとくるぶしの周りに内出血が出てきます。軽症（1度）の場合は歩けますが、中症（2度）や重症（3度）の場合は痛みが強く、足を引きずるか、ほとんど歩けない場合も多くあります（**図3**）。

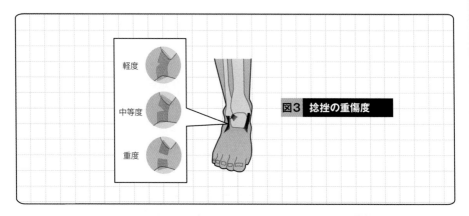

図3　捻挫の重傷度

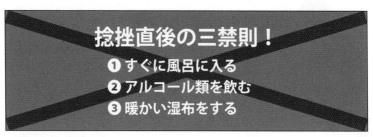

捻挫直後の三禁則！
❶ すぐに風呂に入る
❷ アルコール類を飲む
❸ 暖かい湿布をする

捻挫の対処法

　非常に軽症な場合はともかく、歩くと痛みが走るような場合にはスポーツ（プレー）は中止してまずトレーナー、ドクターに診てもらう事が大切です。

　スポーツ現場での応急処置はまず RICE 処置です [P.195 参照]。足首を氷で十分に冷やし、腫れが予想されるところにパッドを置き、さらにテーピングや弾性包帯で圧迫固定します。その後なるべく患部を心臓より高い位置に挙上し、捻挫をしたら少なくとも 24 時間から 72 時間は応急処置を徹底すべきです。

Rest
Ice
Compression
Elevation

予防が重要！

　応急処置は早稲田大学保健センターへ、その後のリハビリテーションにはぜひスポーツ医科学クリニック [P.222 参照] に相談に来て下さい*。すぐにスポーツに復帰するのではなく足首の動きを良くしながら、ゴムチューブやタオルを使って、足首の外側の筋肉（腓骨筋）や足部の固有筋を鍛えるトレーニングをすることが重要です。またもとのスポーツに復帰する場合は当面再発予防のテーピングやサポーターをして再度の怪我を防ぐようにしましょう！

　＊早稲田大学の学生に限ります

（福林　徹）

17 肉ばなれ

　筋肉が強く収縮した際の力で筋肉の構造が傷ついてしまうけがを肉ばなれと呼んでいます。陸上競技の短距離走やハードル、サッカーやラグビーなどの球技での肉ばなれの多くは太ももの後ろ側のハムストリングスに発生しますが、太ももの前（大腿四頭筋）やふくらはぎ（下腿三頭筋）にも発生し、投げる動作のスポーツでは背中（広背筋）やわき腹（腹斜筋）にも発生します（**図1**）。

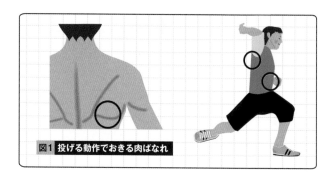

図1 投げる動作でおきる肉ばなれ

肉ばなれの程度と症状

　MRIや超音波装置の発達で、肉ばなれの患部での傷の様子が詳しくわかるようになり、最近は次のように分類されています（**図2**）。

Ⅰ型	筋肉や腱膜にはほとんど損傷がないもの	数日から数週で復帰が可能
Ⅱ型	筋線維が腱膜とのつなぎ目で切れるもの	平均6週間、復帰に要する
Ⅲ型	筋のつけねの腱が切れるもの	完全断裂では手術が必要

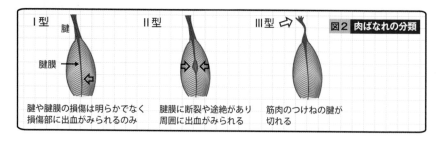

図2 肉ばなれの分類

Ⅰ型　腱　腱膜
腱や腱膜の損傷は明らかでなく損傷部に出血がみられるのみ

Ⅱ型
腱膜に断裂や途絶があり周囲に出血がみられる

Ⅲ型
筋肉のつけねの腱が切れる

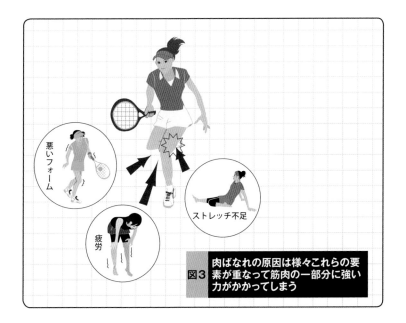

悪いフォーム

ストレッチ不足

疲労

図3 肉ばなれの原因は様々これらの要素が重なって筋肉の一部分に強い力がかかってしまう

Ⅰ型はピリッとするような痛みを感じるものの動作を続けられることが多いのに対して、Ⅱ型は筋肉がぎゅっとつったような感覚や強い痛みで多くは動作が続けられなくなります。Ⅲ型はより大きな力が加わって切れるような感覚や音を感じて力が出なくなります。

原因には筋肉の疲労、ウォーミングアップやストレッチング不足、無理なフォームなどさまざまな状態が指摘されています（**図3**）。ハムストリングスでは、大腿四頭筋の筋力に対するハムストリングスの筋力のバランスや協調性が問題と言われていますが、必ずしもそれで全てが説明できるものではありません。

肉ばなれの応急処置と復帰までのリハビリテーション

肉ばなれが起こったときはまず RICE 処置［P.195 参照］をして下さい。特に氷で1〜2日間冷やすことと、弾性包帯やサポーターなどで患部をしっかり圧迫すること、Ⅱ型以上では松葉杖などを使い患部の安静を保つことも大切です（**図4**）。またどの程度の肉ばなれが筋肉のどの部分に生じたかを確かめるためMRI検査を受けることも必要です。

痛みがとれてきたら軽くマッサージをしながら自力でゆっくり曲げ伸ばしを開始しましょう（3日〜1週間、**図5**）。腫れと痛みがとれてきたら積極的に患部をストレッ

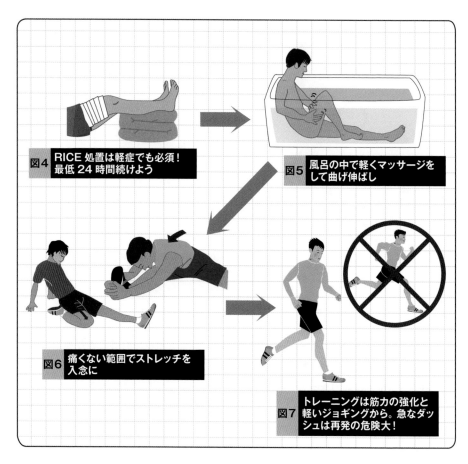

図4　RICE 処置は軽症でも必須！最低 24 時間続けよう

図5　風呂の中で軽くマッサージをして曲げ伸ばし

図6　痛くない範囲でストレッチを入念に

図7　トレーニングは筋力の強化と軽いジョギングから。急なダッシュは再発の危険大！

チングするとともに（**図6**）、スクワット、ジョギング、バウンディングなどを取り入れていきます（2〜4週、**図7**）。そして、負傷した部分の筋力と柔軟性が十分に回復したら全力疾走を再開しましょう。

　肉ばなれはタイプによって修復までの期間が異なるので、トレーナーやドクターの評価を受けて、再発させないように無理のないプランで復帰まで段階的に戻していきましょう。

（鳥居　俊）

18 | 創処置

創＝傷を甘く見るな！

切り傷、すり傷などスポーツ中にはさまざまな傷が発生します。

傷の処置で練習を中断するのが面倒で後回しにしたり、放置したりする選手も少なくないと思います。しかし、その結果化膿して腫れあがったり、なかなか治らず困ったりする経験をしている選手もいます。きちんと治っていないと試合中に出血がおこり、そのために一時的に交代して処置を命じられることもあり、さらに化膿している場合にはチームメイトに化膿菌を感染させてしまうことすらあります。そういう意味でも、最初の処置が重要です。

タイプ別〜創処置の方法

(1) 浅いすり傷

グランドで転んだときにできる傷の多くはこのタイプでしょう。土のグランドや屋外では砂粒や細かいゴミが傷に付着していることがふつうです。水道水で洗い流して、砂やゴミを取り除くことが大切です（**図1**）。

(2) 深いすり傷

走っている自転車からの転倒、山道での滑落などで強い摩擦や圧力が加わったすり傷では傷そのものが深く、その中に砂やゴミが食い込んだ状態になってしまいます。このような場合、簡単に洗うぐらいでは取り除くことができず、苦労します。水で流しながら清潔なガーゼでこするようにして取り除くのがよいでしょう。

(3) 開いた傷（割創）

選手同士の衝突などで主に顔や頭にできる、パックリと開いた傷のことです。傷ができたあとに転倒しない限りすり傷のように汚れる危険性はありませんが、念のため

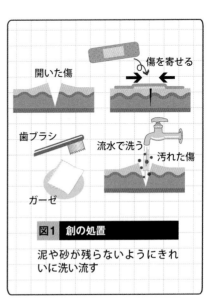

図1 創の処置

泥や砂が残らないようにきれいに洗い流す

表面を水で流し、テープ（絆創膏など）で傷口を寄せるようにします。小さい傷ですぐに寄せられるようなら、1週間ほどで治る可能性があります。大きい傷や、傷口に段差が生じるような場合は病院で縫合してもらう方がきれいに治ります。

(4)　骨折、脱臼に伴う開放創

　　強い外力によって骨折や脱臼がおこり、その直上の皮膚が破れて傷から骨が見える状態のものです。このようなけがは迅速に適切な治療を行わないと、骨や関節の中で感染がおこり、骨髄炎、化膿性関節炎というやっかいな合併症に陥り、しばしば再発して、骨や関節の機能が損なわれてしまう危険があります。傷のまわりやすぐ見える場所に砂やゴミが明らかに見られる場合は流水で洗い流し、急いで整形外科を受診してください。傷の処置（場合によっては緊急手術）を受け、抗生物質を出してもらい、感染がなく大丈夫だと言われるまで必要な期間通院して下さい。

(5)　最終的な創の保護のしかた

　　(1)から(4)までのさまざまなタイプの創に対して当初すべきことが行われたとして、その後完全に治るまで、すり傷では数日から1週間程度、開いて縫合を要した創では1～2週間を要します。その間、ガーゼやばんそうこうで創を覆って保護しますが、重要なことは創を乾いた状態にしないことです。乾燥すると新しい皮膚ができにくく、治るのに時間がかかるばかりでなく、細菌が侵入する危険を作ってしまいます。創口から出る血液や浸出液には白血球や創を治す物質が含まれています。これらが働きやすい状態が乾いていない状態です。最近ではラップ療法というビニールで覆うだけで治す方法もあるぐらいです。

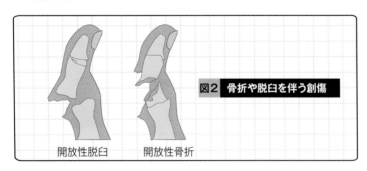

図2　骨折や脱臼を伴う創傷

開放性脱臼　　　　開放性骨折

（鳥居　俊）

19 | 胸・腹部臓器の外傷

命にも関わる胸部・腹部臓器の外傷

スポーツ中には予期しない衝突があります。特に、ラグビーやアメリカンフットボールなどのコンタクト、コリジョンスポーツでは高速度での衝突によって胸部や腹部に強い圧迫や打撲がおこります。野球などでは打球が胸に当たり、心臓に影響が及ぶことがあります。

この章では、スポーツ中に発生しうる胸部や腹部の臓器損傷について説明します。

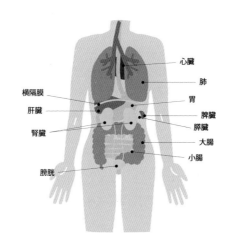

心臓
肺
横隔膜
肝臓
胃
脾臓
膵臓
腎臓
大腸
小腸
膀胱

心臓振盪

心臓は肋骨や胸骨でできた胸郭で守られているはずですが、高速度で飛んできたボールが当たることで圧力を受けます（心臓マッサージが行われることを考えれば当然ですが）。その際、心臓の拍動の特定の時期に圧力が加わると不整脈や心停止が生じてしまいます。これが心臓振盪と呼ばれるもので、胸郭がおとなより柔らかい少年野球で要注意とされています。ただ、大学生でもおこりうることで、前胸部の強打で意識を失って倒れた際には心臓振盪を想定して、素早くAEDでの処置をして下さい。

腹部内臓損傷

腎臓損傷

　腎臓は横隔膜の下で背中側にあるため、後方や側方からの衝突で損傷されることになります。コンタクト、コリジョンスポーツの他、スキーでの転倒でも発生が多くみられます。

　自覚症状として、衝突を受けた部位の痛み（肋骨損傷を伴うこともあり）や痛みの腰部、骨盤大腿方向への放散、出血による腹膜の刺激症状で血圧が下がりめまいや気持ち悪さを感じることがあります。また、血尿がみられることもあります。血圧が下がるようなショック症状がある場合には救急車を呼ぶことが必要です。

肝臓損傷

　肝臓は右の肋骨下縁の奥にあり、右前方から突き上げられるように衝突を受けて損傷することがあります。明らかな損傷では血圧低下などショック症状が出るため、救急車を呼ぶことが必要です。比較的軽い損傷でも腹痛や腹部の強い張りが続きます。疑われる場合には医療機関での検査を受けることが必要です。

脾臓、膵臓損傷

　これらの内臓は上腹部の深い場所にありますが、前方から腹部にめりこむような強い力を受けると損傷がおこります。脾臓は赤血球の貯蔵場所でもあり、損傷によって大量の出血をおこします。

腹部内臓損傷への対応

　腹部内臓損傷により腹腔内出血がおこるとショック症状がおこります。心拍や呼吸を監視し、脈圧が弱いようであれば救急車を呼び、腹部に無理のない姿勢を保って呼吸管理や心拍監視をして下さい。

　医療機関での検査で内臓損傷の程度によって必要な治療を受けます。比較的小さな亀裂だけの場合は安静で治りますが、大量の出血の場合は縫合などの手術、脾臓では摘出が行われることがありますが、免疫力低下などの合併症への注意が必要になります。

睾丸損傷

　男子では股間への打球や他の選手の膝や足の衝突で睾丸が強く打撲を受け精巣損傷が生じたり、捻じれたりすることがあります。強い痛みや腫れがおこった際は泌尿器科への受診が必要です。

卵巣茎捻転

　多くは卵巣嚢腫で腫れた卵巣がスポーツ中の動きにより揺れて周囲の血管などが捻じれて強い腹痛をおこすものです。婦人科への受診が必要です。

（鳥居　俊）

20 | 疲労骨折・シンスプリント

　高いところから転落したり、大きな力でねじられたりなど骨に強い一撃が加わったときにおこるけがを骨折と言います。これに対して、長距離ランナーのランニングや野球の投球のように一回の力は大きくなくても多数回繰り返される動作によって徐々に骨に小さな亀裂ができていく現象を疲労骨折と呼びます。

疲労骨折

　金属の棒を何度も何度も曲げていると、ついにその曲がり箇所で折れてしまう現象を金属疲労による疲労破断といい、航空機事故の原因で有名になりましたが、骨でも同様のことがおこります。もちろん人間の身体の中ではミクロな亀裂が入った時点でふつう痛みや違和感が発生するため完全な疲労破断に至るまで気づかないことはまれです。

　このような疲労骨折は当然同じような動作を繰り返し行うことで、同じ場所に負荷が繰り返した回数だけ加わった結果おこります。従って、スポーツ選手では各競技の特有動作によって競技ごとに発生部位に違いが現れます。

　ランナーでは下肢に多く、野球やテニスの選手では上肢や背骨にも発生する、などが競技による部位特性です。全ての競技を通じて最も多く発生するのはすねの骨（脛骨）と足の甲の骨（中足骨）です。その他、スポーツ選手の腰痛の原因として多く見られる腰椎分離症の大部分も疲労骨折が完全破断になりつながらない状態になったものと考えられています。

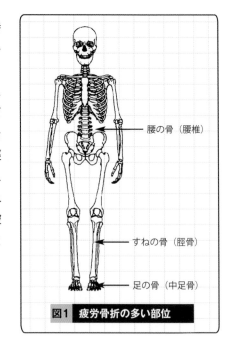

腰の骨（腰椎）

すねの骨（脛骨）

足の骨（中足骨）

図1　疲労骨折の多い部位

　ほとんどの疲労骨折は痛みや違和感を起こす動作を1ヶ月程度控えることで治ります。難治性の疲労骨折（脛骨の前方、足の甲の舟状骨、第五中足骨など）では専門医と相談して長期間きちんとした管理が必要です。

シンスプリント

　すねの疲労骨折との区別が難しく、しかも頻度の高いけがとしてシンスプリントが有名です。すねの内側の下の方が運動中に痛むけがを一般にシンスプリントと呼んでいます。シンスプリントでは、痛む場所が局在する疲労骨折よりも痛みの範囲が広いことで区別がつけられます。実際に何が傷ついているのかについてはさまざまな説があるようですが、ふくらはぎの筋肉や筋肉を包む筋膜とすねの骨の表面にある骨膜との連結部分が傷つくけがのようです。

　初心者や走り込みの時期に多く見られ、ランニング動作によってひきおこされます。ランニング量を急激に増やすことが主な原因と考えられますが、足首の堅い選手や扁平足の選手に多い傾向があります。これらの動きの問題は、運動療法やテーピングや足底板で修正していくことで対応します。

（鳥居　俊）

21 | 腰痛と予防対策

　スポーツ選手には、腰痛を持つものが多く、練習が満足にできなかったり、試合でベストパフォーマンスが出せなかったりすることがあります。ここでは腰痛が出たときの対処方法と、腰痛を予防するためのエクササイズについて紹介します。

いろいろな腰痛

　腰痛の震源地は、椎間板、骨、筋肉、関節、神経、靱帯など様々です。ほとんどの腰痛は症状が出てから数週間で軽くなっていきますが、以下に挙げるような症状があるときには椎間板ヘルニアによる神経の障害が疑われ、接骨や鍼治療等での対処では良くならないことが多いので専門の整形外科を受診しましょう。

- ●膝から下（下腿）に痛みが出る。
- ●足のしびれや足の力が入りにくい。
- ●立って前かがみになると腰痛、下肢痛がひどくなる。
- ●強い腰痛で日常生活にも支障がある。

　この様なひどい症状がないものの、運動をしていると腰痛が出てきて満足に練習ができないようなとき、あるいは今は痛くないけれども今後の腰痛を予防したいときには、以下に紹介する様な腰痛予防対策を行いましょう。

股関節周囲筋の柔軟体操

　股関節の柔軟性を高めることによって、運動しているときの骨盤の動きが良くなり、骨盤の上に載っている腰椎への負担が減ります。そのため、股関節周囲筋である、ハムストリングス、大腿四頭筋、腸腰筋のストレッチングを十分に行いましょう。

体幹筋の筋力トレーニング

　体幹の筋力を強化することによって運動しているときの腰椎の安定性が増し、椎間板や腰椎の関節への負荷を減らすことができます。体幹筋には腰椎に直接付着するローカル筋（深部筋、コアマッスルとも呼ばれている）と、腰椎に直接付着していないグローバル筋（表層筋）があります。腰椎の安定性を高めるためにはローカル筋の筋力を高めることが有効と考えられ、様々な強化エクササイズ（stabilization exercise）

が行われています。いろいろな方法の中でも、下図の姿勢保持訓練（**図1**）が有用です
ので、各エクササイズをそれぞれ約20秒間、一日に3セットを目処として実施してみ
て下さい。もしもこれらのエクササイズで腰痛がひどくなるようならば痛みが治まっ
てから実施するようにして下さい。

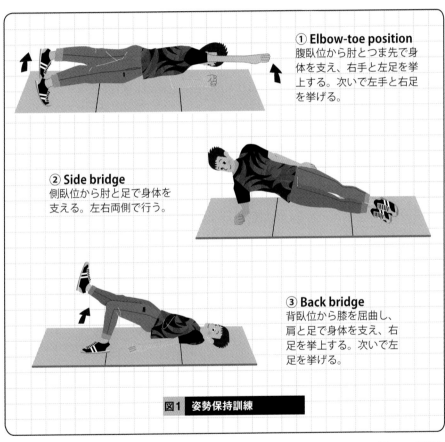

① **Elbow-toe position**
腹臥位から肘とつま先で身
体を支え、右手と左足を挙
上する。次いで左手と右足
を挙げる。

② **Side bridge**
側臥位から肘と足で身体を
支える。左右両側で行う。

③ **Back bridge**
背臥位から膝を屈曲し、
肩と足で身体を支え、右
足を挙上する。次いで左
足を挙げる。

図1　姿勢保持訓練

（金岡　恒治）

その他

22 | 潜水反射

ダイビングする人は要注意！

水中に潜る哺乳動物で一般的に認められる反射で、潜水した際に認められる徐脈化のことを表しています。潜水中に極端な徐脈を呈すると、全身に十分な血液を送ることが不可能になります。つまり全身の組織が血液不足、酸素不足となります。最も酸素不足に弱い組織は脳組織と考えられていますので、潜水中に極端な徐脈が起こると意識を消失することになります。

潜水中に意識を消失することは、誤って水を飲み込んでしまい、溺死することにつながります。それゆえ潜水中の突然死の原因として、この潜水反射による極端な徐脈あるいは心停止が考えられています。

それゆえダイビングを希望している方には、潜水反射試験を行い、この徐脈化の程度を検討しておくことが重要になってきます。

潜水反射試験の実施方法を、**図1**に示しています。

① 洗面器に水と氷を入れ、水温を5〜6℃にしておきます。

② その冷水中に息を止めて（息こらえ）、30秒間顔面を浸水させます。

③ その間連続して心電図記録を行い、心電図上のR-R間隔を測定して徐脈化の程度を判定します。

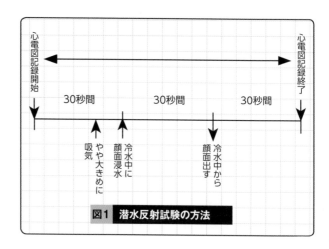

図1 潜水反射試験の方法

潜水反射試験の判定基準

これまでの筆者らの検討では、徐脈化の程度は最長R-R間隔で表現すると多く（95%）の人は2秒未満を示していました（脈拍数で表現すると30拍／分以上）。

これ以上の徐脈化は少数であり、特に最長R-R間隔が5～6秒以上（脈拍数の表現で12～10拍／分未満）の場合には異常反応と考え、潜水中に意識消失を起こしやすい人と考えられています。

このような異常な徐脈化を呈する人には、ダイビングを禁止することが必要と考えられています。

潜水反射が起こるメカニズム

この潜水反射試験での徐脈化の機序は、以下のように考えられており、迷走神経（副交感神経）の緊張度昂進によるものと考えられています。
三叉神経（脳神経の1つで顔面に分布している知覚神経）への冷刺激（一部息こらえによるバルサルバ効果）→中枢神経系の興奮→迷走神経緊張度昂進→洞結節や房室結節からの心臓を収縮させる電気的刺激の頻度が減少→徐脈

潜水反射試験で徐脈化を高度に示した1例を、**図2**に呈示しています。上段が顔面浸水する前の心電図、下段が顔面浸水中の徐脈化が高度に起こり最長R-R間隔が極端に延長した心電図を、各々表しています。

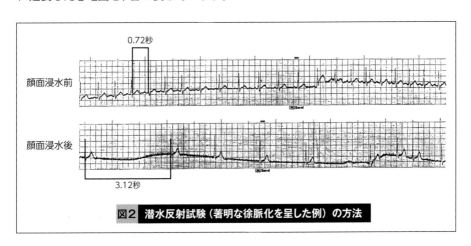

図2　潜水反射試験（著明な徐脈化を呈した例）の方法

（坂本　静男）

23 | 早稲田大学スポーツ医科学クリニック

スポーツ医科学クリニックとは？

　スポーツ医科学クリニックは「スポーツ科学部の教育・研究を発展させるとともに、スポーツ医科学の科学的知見をもとに早稲田アスリートのスポーツ活動中の安全と安心をサポートするため」に設置された機関です。整形外科・内科からなるメディカル部門、リコンディショニング部門、ニュートリション部門、メンタル部門、コンディショニング部門の5部門で構成され（**図1**）、各部門が連携をとりながらアスリートを多面的にサポートしており、各部門は各々の分野を専門とするスポーツ科学学術院の教員が担当しています。早稲田スポーツを支える教育機関のひとつとして、スポーツ選手の医科学的サポートを中心に、測定（調査）・評価・相談・指導を主体としたサービスの提供を行うとともに、研究・教育の場として活用されています。

■ 各部門の相談内容

リコンディショニングクリニック	ⅰ）スポーツ外傷・障害およびアスレティックリハビリテーションに関する相談・実践指導 ⅱ）適切な医師・医療機関の紹介 ⅲ）施設の管理および運営　　ⅳ）学生の指導
メディカルクリニック（内科）	ⅰ）競技や練習に支障のあるような内科的諸症状の相談 ⅱ）アンチ・ドーピングについての相談
メディカルクリニック（整形外科）	ⅰ）スポーツ傷害・傷害予防相談、各種検査、機能評価
メンタルクリニック（スポーツカウンセリング）	ⅰ）スポーツに関連したメンタル面の問題についての相談
ニュートリションクリニック	ⅰ）競技力向上のための、日々の栄養、休養、トレーニングをトータルにコーディネートしたスポーツライフを確立することを目標としたアドバイス。個人のみならず部単位での相談も受ける
コンディショニングクリニック	ⅰ）アスリートのコンディショニング領域全体における相談と実践指導 ⅱ）競技力向上に資する体力づくり。競技会へ向けたトレーニングなどのアドバイス

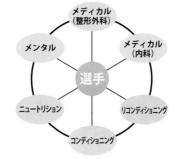

図1　クリニックのサポート体制

　スポーツ医科学クリニック

Q：どんな人が利用できるのですか？
A：早稲田大学スポーツ科学部に所属する学生、早稲田大学競技スポーツセンター（体育各部）に所属する学生、その他クリニックスタッフが必要と認めた者が対象です。

Q：クリニックはどこにあるのですか？
A：所沢スポーツ医科学クリニック（利用部門：整形外科・リコンディショニング・ニュートリション）は所沢キャンパス 101 号館 1 階 102 室、東伏見スポーツ医科学クリニック（利用部門：整形外科・コンディショニング・リコンディショニング・ニュートリション）は、東伏見キャンパス スポーツホール 2 階・3 階にあります。

Q：予約は必要ですか？
A：各部門の利用を希望される方は、次頁 Web サイトの相談予約フォームよりご連絡をお願いします。開室スケジュールも Web サイトでご確認ください。

Q：リコンディショニング部門・コンディショニング部門の活動に参加するにはどうすればよいのですか？
A：スポーツ科学部学生を対象にリコンディショニング部門・コンディショニング部門でオブザーバー制度を設けています。両部門ともに、日本スポーツ協会公認アスレティックトレーナーなどを目指す学生の実習現場の一つにも活用可能です。学生オブザーバーの説明会および登録は毎年春学期と秋学期のはじめに実施されます。詳細はWeb サイトでご確認ください。

その他

最新の情報と予約・詳細は以下のスポーツ医科学クリニック Web サイトをご覧ください。
http://www.waseda.jp/prj-wmedspo/clinic/

（早稲田大学スポーツ医科学クリニック）

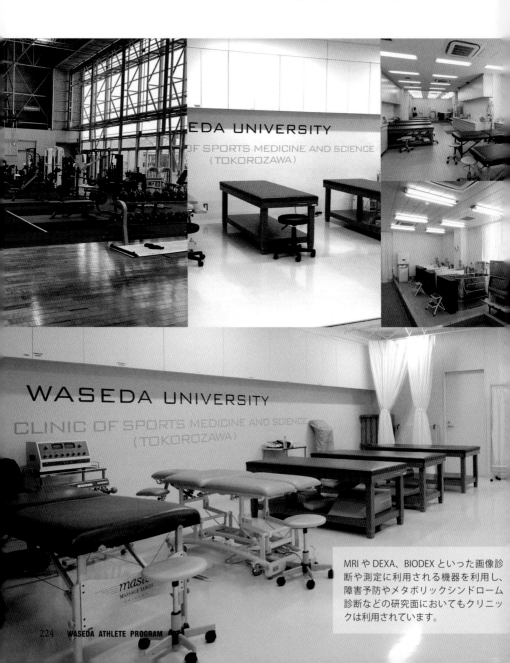

MRI や DEXA、BIODEX といった画像診断や測定に利用される機器を利用し、障害予防やメタボリックシンドローム診断などの研究面においてもクリニックは利用されています。

WASEDA ATHLETE PROGRAM
Section 8

1 | スポーツ応援のパイオニア／応援部

　早稲田大学応援部は1940（昭和15）年を創部の年としております。しかし、早稲田に応援組織が誕生したのは今から118年前、1905（明治38）年まで遡ることになります。それは我が国における組織的応援の始まりでもあります。

　「応援」という言葉を聞けば、日本人であれば誰もが思い起こす「フレーフレー」のエール。このエールを我が国で初めて行ったのは早稲田大学なのです。

　エールによる組織的応援は、1905年春、早稲田大学野球部が日本人初の海外遠征を敢行した際、現地のアメリカの大学で行われていました。応援学生がリーダーの指揮に従い、お揃いの小さなフラッグを打ち振りながら声を合わせて自校のエールを高唱するというものでした。

　選手一行を引率した体育部長の安部磯雄先生が、帰国後、これを大学の寄宿舎生らに紹介して、その年の秋季早慶野球戦第3回戦で初めて行ったのです。1905年11月12日のことでした。約200名の応援隊が組織され、海老茶色の地にワセダユニバーシティを意味する「WU」の二文字を白く抜いた三角形の小旗を全員が手にしていました。

　当時、野球の試合において応援が組織的に行われることはなく、観衆それぞれが無秩序に拍手や声援を送ったり、怒鳴ったり、ヤジを飛ばしたりしていました。安部先生は、以前から観衆の醜悪なヤジを憂い、整然たる応援を心から望んでいました。そのため、秩序を持ったアメリカ式応援方法を紹介したのです。これを翌1906年に慶應義塾大学が用い、以後、各地の学校で行われるようになりました。この応援方法の広がりによって野球の試合風景は完全に刷新されました。早稲田は野球応援に革命を起こしたのです。

　ところで、野球応援に不可欠なものに「かっ飛ばせ」という声援があります。今やあらゆる試合でこの「かっ飛ばせ」が飛び交っていますが、このフレーズを野球応援に採り入れたのも我々早稲田なのです。

　1930（昭和5）年までの早稲田の応援は、エール、拍手、校歌・応援歌の合唱だけでした。打者に対しても「フレーフレー小川」「フレーフレー伊達」だったのです。1931年春、この「フレーフレー」一点張りの応援から脱却するために「かっ飛ばせ」を採り入れました。「かっ飛ばせ」は、その後、他校へ広まり、早稲田の新機軸が野球応援

にまたしても歴史的な変革をもたらしたのです。

　そして、エールによる組織的応援が初めて行われてからちょうど60年後の1965（昭和40）年秋、早稲田は再び応援に革命を起こしました。打倒慶應の意気に燃え、早慶野球戦の応援に『コンバットマーチ』を登場させたのです。

　これは、応援部吹奏楽団の部員が作曲した早稲田オリジナルの曲で、ファンファーレとかけ声を融合させた斬新なものでした。応援学生の声を爆発的に引き出すことができる、応援効果抜群のこの曲は、その後、日本中に広まり、野球をはじめ様々なスポーツ応援を音楽主体のスタイルへと一変させました。

　現在、我が国で行われているあらゆるスポーツ応援は、早稲田が創始した組織的応援と音楽主体の応援手法が礎となっていることは言うまでもありません。この二大革命の偉業を成し遂げた早稲田大学は正にスポーツ応援のパイオニアなのです。

菅野　真二（すがの　しんじ）
応援部稲門会副幹事長。
1988年早稲田大学商学部卒。NTT 東日本勤務。早稲田の応援団体史、早慶戦応援史、プロ野球隆盛以前の日本野球発展史の調査・研究をライフワークとしている。
2021年、35年間の編纂活動を経て「早稲田大学応援部史」を完成させた。
著書に、外来スポーツである野球が我が国の国民スポーツとなるまでの軌跡を綴った「ニッポン野球の青春」（大修館書店）がある。

「意気天を衝く応援団」と題して
描かれた明治時代の早稲田応援隊

2 『早稲田スポーツ』は、なぜ早稲田スポーツを報道するのか

　ジャーナリズムの早稲田と喧伝されるわりには、早稲田で学生が独自に運営して新聞を発行しているのは、早稲田スポーツ新聞会の『早稲田スポーツ』だけです。『早稲田スポーツ』の誕生は、その改定を巡って国会周辺がデモで騒然としたいわゆる"60年安保闘争"の1年前、1959年にさかのぼります。スポーツの雄たる早稲田にその活躍を伝える新聞がないのはおかしい、との疑問を持ったふたりの先輩、松井盈と西川昌衛の手によって創刊されました。以後、現在まで早稲田のアスリートたちの臙脂のユニフォームを報道して『早稲田スポーツ』は60数年がたちました。ちなみに、発行部数日本一を誇る『週刊文春』が創刊されたのも1959年のことです。

　現在の『早稲田スポーツ』は、約100名の部員を擁する学内屈指の組織ですが、他大学のスポーツ新聞の大部分とは異なり大学の機関紙ではありません。収入の主たるものは、本紙と電子版の広告料、販売収入、定期購読料等ですが、創刊からの十数年は部員数も20名に達せず、財政も安定しませんでした。何度も廃刊の危機に遭遇し、そのたびに部員総出のアルバイトあるいは授業料の一時流用、質屋通い等で新聞の印刷費用を捻出する有様でした。それほどまでして、なぜ新聞発行に熱意を傾けてきたのか？

早稲田スポーツ新聞会の徽章

創刊当時の部員が使った腕章

早稲田スポーツ新聞の題字

　それは、ただひとつ、歴代の部員が早稲田の運動各部のプレーを見るのがなにより好きだったがためです。試合や練習をじかに見たい、そしてそこで得た感動を記事にして早稲田内外に伝えたい、という思いがすべてだったのです。

　『早稲田スポーツ』のOB・OGの変わり種としては、中山英子（94年社学卒・松本県ケ丘高）がいます。中山は卒業後『信濃毎日新聞』記者になりますが、長野冬季五輪の取材をきっかけに、スケルトンに興味を抱き、以後競技にのめりこみます。2002年ソルトレーク五輪、2006年トリノ五輪の日本代表に選ばれた中山は、先の東京五輪では、早稲田所沢キャンパスでのイタリアチームの事前キャンプ実現に尽力しました。

　『早稲田スポーツ』は、重ねて言いますが大学の機関紙ではありません。そのために、記録を追うだけではなく、大学スポーツがもつ光と影の部分を丹念に報道し続けてきました。縮刷版でその歴史をご覧ください。

　昨今、大学および競技スポーツセンターは、早稲田でスポーツをすることの意義を「文武両道」に求めているように見えます。大いに結構なことです。しかし、「文武両道」とは、言うは易く行うは難し。正直言いますと、早稲田でスポーツをしたくらいで「文武両道」を唱えるのはおこがましいことです。運動部のみなさんの就活の面倒を依頼されることが時たまあります。そこで感じるのは、ほとんどの場合、リベラルアーツ系の基礎知識の不足、そして読書量の少なさです。責めているのではありません。早稲田に入学してスポーツを続けるには、中学、高校で相当なトレーニングを積んでいなければなりません。勉強どころではなかったと思います。武の奥義を究めるのが厳しい道なら、文を究めるにも同等かそれ以上の修練を要します。この点をしかと自覚していただきたいのです。自分には「文武両道」どころか欠けている面が多々ある、という自覚さえあれば、社会に出ても文に秀でた人々にいつかは追いつけます。

　早稲田で競技スポーツを続けていこうと考えるみなさんに必読の本があります。黒木亮氏の『冬の喝采（上）（下）』（講談社文庫2010年）です。黒木氏は本名金山雅之、北海道・深川西高から一般入試で早稲田の法学部に進みます。脚の速さが自慢でしたが、故障のため高1の冬、競技生活を断念します。しかし、治療が功を奏した大学2年の時、走りたいという気持がおさえきれず競走部の門を叩きます。待ち受けていたのは、鬼と謳われた中村清監督でしたが、正式の部員とは認められずに準部員扱いとなります。『冬の喝采』は箱根駅伝ランナーを目指して中村老監督に鍛えられる日々を描いた自伝的な作品です。3年になった金山選手は、箱根駅伝でエースである同級生の瀬古利彦選手からの襷を受けて3区を走りぬきます。『冬の喝采』で感心するのは、どんな

に練習で疲れていようと金山選手が英語のテープを欠かさず聴いていることです。金山選手は、卒業後、都市銀行に就職し、海外留学組にも選抜されます。得意の英語を活かし、ロンドンを起点に国際融資の世界で活躍します。黒木亮といえば、ファイナンスの世界を描いては、この人の右に出る人はいないといわれる作家ですが、すべては、猛練習の合間に英語のテープを聴くという地道な努力に始まっています。

　『冬の喝采』には、『早稲田スポーツ』も登場します。自分のことが載った『早稲田スポーツ』のバックナンバーを求めて金山選手は『早稲田スポーツ』の部室を訪ねます。遠慮がちに「あのー、すみません。競走部の金山と申しますが、新聞を1部いただけないでしょうか」というと、そこにいた女子部員に「あっ、金山さんですか！　はい、どうぞこれ、お持ちください」と5部新聞を渡されます。自分の名前を知っている人がここにいる、そう思うだけで嬉しい気分になった、と黒木氏は小説の中で書いています。『早稲田スポーツ』とは、そんな新聞なのです。金山選手を嬉しい気分に誘った女子学生は阿部佳代子（81年教育卒・湘南高校）で、彼女は、プレジデント社に就職し、のちビジネス誌『プレジデント』の初の女性編集長に就任します。

早稲田スポーツ縮刷版
創刊号（昭和34年）〜第229号
（平成元年）

546頁第138号に金山選手の名前が掲載されています

斎藤　禎（さいとう　ただし）

早稲田スポーツOB・OG倶楽部顧問（第6代編集長）。
1967年早稲田大学第一文学部卒。文藝春秋常務取締役、日本経済新聞出版社代表取締役会長など。著書に、『レフチェンコは証言する』（文藝春秋刊）、『江藤淳の言い分』、『文士たちのアメリカ留学』（ともに書籍工房早山刊）。
なお、『早稲田スポーツ』についてさらに知りたい方は、堤哲（第3代編集長・元毎日新聞紙面審査委員長）編著『早慶戦全記録 伝統2大学の熱すぎる戦い』（啓文社書房刊）をお読みください。

Column 01

「早稲田スポーツ」を応援しよう！

取材の様子

1. 早稲田スポーツ新聞会

　早稲田スポーツ新聞会は1959年11月17日に創刊した早稲田大学で唯一のスポーツ専門新聞を製作する大学公認サークルです。2023年1月現在では全国の学生スポーツ新聞会でもトップクラスの会員数の100人以上が所属しています。日本各地で行われる大会や日々の練習など幅広く取材行い、新聞は早慶野球・ラグビー号など年に12回発行しています。

　「全ての体育各部に光を」という理念を掲げている我々は、単に結果にフォーカスした記事や新聞を作るのではなく、その裏にある努力や思いをくみ取ることも大切にしています。特に大学スポーツはこの4年間で競技人生を終える選手も多く、その全てがかけがえのない瞬間です。そんな濃密ではかない瞬間を多くの人々に伝えることが私たちの使命でもあります。これは早稲田スポーツに特化し

ている弊会だからこそできることであり、この点ではプロにも引けを取らない記事や新聞を作成していると自負しています。

　弊会は今年で65年目を迎え、早慶野球（春）号では創刊600号を迎えます。昨年、サッカーW杯で日本中が熱狂に包まれましたが、弊会も早稲田スポーツの熱狂をより多くの人々に伝えられるよう、日々の取材や新聞製作に励んでまいります。そして、『紺碧の空』の下で輝く体育各部の皆さまを心より応援しています。

　　　　　　　　　　早稲田スポーツ新聞会
　　　　　　第64期編集長　横松　さくら

秋の早慶野球号を製作した部員たち

PROFILE｜横松 さくら（よこまつ さくら）
2003年1月生まれ。福岡県出身。
早稲田大学社会科学部在籍（2021年度入学）

2023年1月8日発行のラグビー号外1面

2．VIVASEDA

VIVASEDAは、東京2020大会に向けて発足した早稲田大学学生によるオリンピック・パラリンピック推進プロジェクトです。東京2020大会を終えた今は、主に早稲田スポーツを推進する活動を行っています。

東京2020大会以前は、東京2020大会に向けた早稲田出身のアスリートの応援を始め、早稲田からオリンピック・パラリンピックを盛り上げる活動を行ってきました。

現在は、早稲田スポーツを盛り上げる活動として、例えば、早慶戦などの早稲田スポーツを観戦したことのない人へ事前にレクリエーションを行うことで、気軽に観戦に行けるような観戦ツアーや、試合前の体育各部の方へ応援メッセージを送るなどの企画も行いました。また、スポーツ観戦をあまりしない学生にも早稲田スポーツについて知り、関心を持ってもらうため、早慶野球戦の前に生協の食堂で、チーズカツカレーの販売数を早慶で競い、学食から早慶戦を盛り上げる企画も行いました。学生をはじめとしたもっと多くの方々に早稲田スポーツの魅力に気づいてもらえるよう、今後も活動を続けていきます。

2023年度からは、早稲田スポーツを推進する活動とともに、2024年のパリ大会に向けて、再びオリンピック・パラリンピックに関連する活動を行いたいと考えています。

VIVASEDA 代表
普家 小百合

普家 小百合（ふけ さゆり）

PROFILE
2022年度 VIVASEDA 代表
2002年7月生まれ　埼玉県出身
早稲田大学教育学部在籍（2021年度入学）

Column02

BEYOND125 プロジェクトと新ロゴ

石井 昌幸

　2022年7月10日、早稲田大学は大隈講堂にて、早稲田スポーツの発足125周年を祝う記念式典を開催しました。田中愛治総長、河野洋平稲門体育会会長の祝辞に続いて、伊藤公平慶應義塾塾長からも友情あふれるご祝辞を賜りました。田中総長は空手部、伊藤塾長は庭球部のご出身で、現在、早慶両校の長が運動部出身となります。式典のメインは、サッカー元日本代表監督で、ア式蹴球部出身の岡田武史さん（1980年政治経済学部卒業）による記念講演で、「感銘を受けた」という声が終了後に数多く寄せられました。また、学生企画の早稲田スポーツ・クイズ大会も、総長も登壇するなどして大いに盛り上がりました。

　早稲田スポーツ44部を統括する「早稲田大学競技スポーツセンター」（以下「競スポ」）の起源となる「体育部」が発足したのは、1897年のこと。創設者・大隈重信はスポーツを好み、運動を奨励して「人生125歳説」を唱えましたが、早稲田スポーツは2022年で125歳を迎えたわけです。この間、早稲田大学は大学スポーツ界のみならず、日本のスポーツ史に大きな足跡を残してきました。その歩みは、早稲田スポーツ・ミュージアムにご来館いただければ、良くご理解いただけると思います。

　早稲田スポーツの発足125周年を記念して、2021年3月には記者会見を行ない、「早稲田スポーツBEYOND 125 プロジェクト」の実施と、体育各部44部共通ロゴを発表しました。これからの125年を「早稲田スポーツ新世紀」と位置づけ、中長期の視点で様々なプロジェクトを推進しています。

　そのシンボルとなるのが、この体育各部共通ロゴです。これは400件を超える一般公募の中から、体育各部実行委員による選考、学内の学生・教職員による投票を経て、総長・理事・外部委員による選考委員によって決定されたものです。現在、体育各部部員、部長、監督・コーチの皆様には、このロゴをあしらったバッジ（体育各部徽章）とポロシャツ（部員によるデザイン）を配布しております。ぜひ、試合や移動、行事の際などに身に着けていただくとともに、さまざまなウェアやグッズのデザインにもご活用いただき、多くの人から愛される早稲田スポーツの新しいシンボル・マークとなることを祈っております。

体育各部共通ロゴ

Column03

紺碧の空

菅野　真二

慶應義塾大学が早稲田大学の校歌『都の西北』を打ち負かすために応援歌『若き血』を誕生させたのは、1927（昭和2）年秋のことでした。この時、慶應の野球部は黄金期を迎えており、その強さとあいまって、早稲田は『若き血』に圧倒され、早慶戦も負け続けていました。

そのため、学内の誰もが『若き血』に対抗できる応援歌の登場を熱望するようになり、1931（昭和6）年4月、応援部は打倒『若き血』の応援歌を作ろうと、歌詞を学内で募集しました。その結果、文学部の西條八十教授によって高等師範部3年の住治男氏の詞が選ばれ、作曲は応援部員の伊藤戊の幼な友達で、

弱冠21歳新進の作曲家・古関裕而氏に依頼することとなりました。若い無名の作曲家への依頼に反対の声もありましたが、伊藤の熱心な働きかけもあり、最終的には部員の満場一致で古関氏に決定したのです。古関氏も早稲田大学からの依頼を光栄に思い、その大役を務められることに感激して、快く作曲を引き受けてくれました。

こうして出来上がった力強い新応援歌は、春の早慶戦で選手を奮い立たせ、すでに優勝を決めていた慶應をついに2勝1敗で下したのです。この時、『紺碧の空』は早稲田勝利の歌、勝利を呼ぶ応援歌となりました。

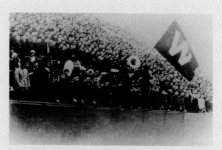

新応援歌『紺碧の空』登場！
（1931年6月13日　早慶戦第1回戦）

Column04

早稲田の栄光

菅野 真二

1952（昭和27）年、早稲田大学が創立70周年を迎えるにあたり、応援部は「学園の新しい息吹を求めて、記念すべき年に早稲田の歌を作りたい」として、記念事業委員会に「創立70周年記念歌の制定」を申し入れました。

同年6月、この事業が認可されると、同委員会は2種類の記念歌を学内外から募集しました。

一、早稲田の歌「ワセダマンの気品を備えていて気軽に合唱するのに適したもの」
一、応援歌「明朗、活発、新鮮で軽快なもの」

学生の間では、以前から慶應のカレッジソング『丘の上』に対抗する歌が求められていたため、応援歌の他に早稲田のカレッジソングとなる歌も作ることにしたのです。

歌詞の審査には、西條八十、服部嘉香の両文学部教授があたることとなり、作曲は早稲田の歌を新進気鋭の芥川也寸志氏に、応援歌を古関裕而氏に依頼することとなりました。

早稲田の歌は『早稲田の栄光』、応援歌は『あの眉、若人』が入選し、ともに校友の岩崎巌氏の作品でした。岩崎氏は1947（昭和22）年作の応援歌『ひかる青雲』、1950（昭和25）年作

の『精悍若き』の詞も手がけている方です。

校歌や応援歌でもない『早稲田の栄光』は「学生歌」と名付けられました。作曲者の芥川氏は、文豪・芥川龍之介の三男で、服部嘉香教授が惚れ込んで作曲を依頼しました。早稲田とは無関係でありながら、「早稲田の学生がみんなで歌ってくれればそれで十分である」として、大学からの作曲のお礼を辞退されています。

コンバットマーチ

菅野 真二

　1965（昭和40）年秋、応援部吹奏楽団4年の三木佑二郎は、優勝のかかった早慶野球戦を前に、数年前から構想を持ち続けていた、ファンファーレとかけ声を融合させるという奇抜な発想の"攻撃用ファンファーレ"をついに完成させました。

　この曲は、前奏が当時テレビで放送されていたアメリカの戦争テレビドラマ『コンバット！』のテーマソングに似ていて、「COMBAT」が「戦闘」という意味だったことから、『コンバット』と名付けられました。

　『コンバット』が早慶戦に登場すると、その応援効果は抜群で、応援席は俄然盛り上がりました。そして、優勝パレードで学生のリクエストに応えて演奏したところ、行進曲とし

ても使えることがわかり、後に『コンバットマーチ』と改名されました。

　この曲は単なる応援歌ではなく、全く新しい応援効果を実現させる斬新な曲であったことから、音楽の世界に「応援曲」という新たなジャンルを創り出しました。

　『コンバットマーチ』はその後、高校野球をはじめ、都市対抗野球やプロ野球でも使われるようになり、日本中に広まりました。また、テレビ番組やCMにまで頻繁に登場し、曲名は知らなくても日本人の誰もが一度は聞いた事のある有名な曲となったのです。『コンバットマーチ』の普及は、日本のスポーツ応援を音楽主体のスタイルへと一変させ、応援手法に一大革命を起こしたのです。

神宮の社に鳴り響く『コンバットマーチ』
（1981年度早慶戦）

Section **9** **付録**

1 人格陶冶のための教育プログラム

〈アスリートとしての教養プログラム：講演会・セミナー〉

スケジュール	タイトル	概要
2月〜3月	代表委員研修会	体育各部主将・主務を対象に、講演会セミナーを開催
5月	入部式・表彰式	体育各部部員1年生を対象に、大隈講堂にて WAP に関する講義を開講。
各学期に数回	アスリート講演会・セミナー	様々な分野で活躍するアスリートを招いて講演会・セミナーを実施。

〈アスリートとしての教養プログラム：テキスト・動画コンテンツ〉

スケジュール	タイトル	概要
4月〜6月	テキストブック	「早稲田アスリートプログラム・テキストブック」を配付。
通年	動画コンテンツ	学内の Waseda Moodle でオリジナル動画コンテンツ「早稲田アスリートプログラム講義」を視聴する。
9月、翌年3月	レポート	体育各部部員は、春、秋学期の各活動に関する「WAP レポート」を提出し、部長・監督が確認する。

〈ボランティア・地域貢献活動プログラム〉

スケジュール	タイトル	概要
通年	社会貢献活動	競技スポーツセンターのコーディネート・紹介によるボランティア活動への参加事例 ●伴走ボランティア：毎日曜日に代々木公園にて開催される、障がいのある方と伴走者との練習会 ●クリーニングボランティア：NPO「希望の車いす」が主催する、車いすを修復・クリーニングして海外へ送り出すための活動 ●大会運営ボランティア：各種団体による国内・国際大会や障がい者スポーツ大会での運営支援 ●技術指導ボランティア：障害のあるアスリートのための練習支援 東北復興支援でのスポーツボランティア活動 ●体育各部による東北地方の学校・スポーツクラブとの交流、体験教室 ●地域のニーズにかなったスポーツイベントの開催と運営支援
通年	地域貢献活動	体育各部による練習拠点地域での活動 地域における清掃活動や小中学校や NPO 等によるスポーツ体験教室の開催 ●地域の団体が主催するイベントの開催準備と運営支援
9月		早稲田スポーツフェスタ in 東伏見 競技スポーツセンターと体育各部実行委員が合同で企画を開催。東伏見キャンパス近隣や西武線沿線の親子連れを中心とした5,000名を超える来場者が、体育各部の学生たちが企画するスポーツイベントに参加。

〈キャリア形成支援プログラム〉

スケジュール	タイトル	概要
12月	ガイダンス・体験報告会	体育各部3年生を対象に、キャリアセンターと連携し、「就職活動ガイダンス」「体験報告会」を開催。
3月以降	企業説明会開催	体育各部3年生を対象に、「合同企業説明会」を開催。

〈国際交流プログラム〉

スケジュール	タイトル	概要
通年	高麗大学定期戦	野球部、ラグビー蹴球部、スケート部ホッケー部門、バスケットボール部、ア式蹴球部
通年	国際交流活動・海外研修	体育各部が海外の大学、研究機関との交流活動・海外研修を実施

2 修学支援

〈すべての体育各部部員の学業情報把握と指導〉

スケジュール	概要
9月	競技スポーツセンターにて全ての体育各部部員の春学期までの成績を把握し、体育各部部長に指導を依頼する。その後、体育各部部長と対象となる部員の面談実施
10月	体育各部部長から競技スポーツセンターへ「指導記録」を報告
翌年1月	競技スポーツセンターから、各学部の「指導記録」を報告
3月	競技スポーツセンターにて全ての体育各部部員の秋学期までの成績を把握し、体育各部部長に指導を依頼する。
4月	体育各部部長と対象となる部員の面談実施
5月	体育各部部長から競技スポーツセンターへ「指導記録」を報告
6月	競技スポーツセンターから、各学部の「指導記録」を報告

〈褒賞〉

実施スケジュール	概要
3月	4年生以上の成績判定を行い、褒賞の対象者（最優秀学業成績個人賞、優秀学業成績個人賞）を決定し、体育表彰式（3月半ば開催）にて表彰する
5月	1～3年生の成績判定を行い、褒賞の対象者（最優秀学業成績団体賞、優秀学業成績団体賞、年間最優秀学業成績個人賞、年間優秀学業成績個人賞）を決定し、体育各部入部式・表彰式（5月開催）にて表彰する

早稲田大学教旨

早稲田大学は学問の独立を全うし　学問の活用を効し
模範国民を造就するを以て建学の本旨と為す
早稲田大学は学問の独立を本旨と為すを以て
之が自由討究を主とし
常に独創の研鑽に力め以て
世界の学問に裨補せん事を期す
早稲田大学は学問の活用を本旨と為すを以て
学理を学理として研究すると共に
之を実際に応用するの道を講し以て
時世の進運に資せん事を期す
早稲田大学は模範国民の造就を本旨と為すを以て
個性を尊重し　身家を発達し　国家社会を利済し
併せて広く世界に活動す可き人格を養成せん事を期す

早稲田大学校歌

作詞　相馬　御風
作曲　東儀　鉄笛
校閲　坪内　逍遥

1.
都の西北　早稲田の森に
聳ゆる甍は　われらが母校
われらが日ごろの　抱負を知るや
進取の精神　学の独立
現世を忘れぬ　久遠の理想
かがやくわれらが　行手を見よや
わせだ　わせだ　わせだ　わせだ
わせだ　わせだ　わせだ

2.
東西古今の　文化のうしほ
一つに渦巻く　大島国の
大なる使命を　担ひて立てる
われらが行手は　窮り知らず
やがても久遠の　理想の影は
あまねく天下に　輝き布かん
わせだ　わせだ　わせだ　わせだ
わせだ　わせだ　わせだ

3.
あれ見よかしこの　常磐の森は
心のふるさと　われらが母校
集り散じて　人は変れど
仰ぐは同じき　理想の光
いざ声そろへて　空もとどろに
われらが母校の　名をばたたへん
わせだ　わせだ　わせだ　わせだ
わせだ　わせだ　わせだ

執筆者紹介 (五十音順)

赤間　高雄（あかま　たかお）
1957 年生まれ。栃木県出身。1988 年筑波大学大学院博士課程修了。医学博士。早稲田大学スポーツ科学学術院教授。（公財）日本アンチ・ドーピング機構会長。（公財）日本スポーツ協会公認スポーツドクター。専門分野はスポーツ医学、アンチ・ドーピング。

石井　昌幸（いしい　まさゆき）
早稲田大学スポーツ科学学術院教授。早稲田大学競技スポーツセンター所長。早稲田大学ア式蹴球部部長。主な著書に『スポーツの世界史』（共編著）（一色出版）ほか。

礒　繁雄（いそ　しげお）
早稲田大学スポーツ科学学術院教授。早稲田大学競走部総監督。専門分野はコーチング学。早稲田大学競走部時代、1981・82 年日本インカレ 110m ハードル連覇。1982 年アジア競技大会 6 位入賞。日本体育大学大学院、同大助手を経て関西学院大学教員と共に 16 年間陸上指導。2003 年早稲田大学へ移動。2010 年三大大学駅伝制覇。2011 年関東インカレ 70 年ぶり総合優勝、同年日本インカレ 53 年ぶり総合優勝。2021 年東京 2020 オリンピック陸上競技コーチングスタッフ。

糸川　雅子（いとかわ　まさこ）
スポーツメディアトレーナー ®。北陸放送（報道制作局アナウンス部）退social後、筑波大学大学院に進学し、修了。修士（体育学）。2011 年 NPO 法人日本スポーツメディアトレーナー協会を設立し、中日ドラゴンズ、川崎フロンターレ、企業スポーツチームなどでメディア・トレーニングを担当。
NPO 法人日本スポーツメディアトレーナー協会：
http://www.jsmt-sports.org/

内田　直（うちだ　すなお）
早稲田大学名誉教授。精神科専門医。睡眠学会専門医。公認スポーツドクター。専門はスポーツ神経精神医学。東京医科歯科大学付属病院精神科研修医、医員を経て 1990 年から 1992 年にはカリフォルニア大学デービス校精神科に留学。その後、東京都精神医学研究所、副参事・睡眠障害研究部門長（退職時）を経て 2003 年に早稲田大学スポーツ科学学術院教授。2007 年選択定年退職し、名誉教授。現在すなおクリニック院長（さいたま市大宮区）。

岡　浩一朗（おか　こういちろう）
早稲田大学スポーツ科学学術院教授。早稲田大学人間科学部助手、日本学術振興会特別研究員（PD）、東京都老人総合研究所（現東京都健康長寿医療センター研究所）介護予防緊急対策室主任、早稲田大学スポーツ科学学術院准教授を経て、2012 年 4 月より現職。専門は、健康行動科学、行動疫学。日本運動疫学会理事長、日本健康教育学会理事。

岡田　純一（おかだ　じゅんいち）
早稲田大学スポーツ科学学術院教授。早稲田大学ウエイトリフティング部長。専門分野はトレーニング科学。NSCA 認定ストレングス＆コンディショニングスペシャリスト。日本スポーツ協会公認アスレティックトレーナー。

小塩　康祐（おじお　こうすけ）
TMI 総合法律事務所弁護士。早稲田大学ラグビー蹴球部 OB（在学中、4 年間で 3 度の日本一を経験）。「Sports Law 2019」（共著）、「スポーツ界におけるコンプライアンス強化ガイドライン」（松本泰介先生他と共著）、「ラグビーマン弁護士　オジオの視点」ほか。

葛西　順一（かさい　じゅんいち）
早稲田大学スポーツ科学学術院教授。早稲田大学応援部部長。全国スポーツ指導者連絡会議幹事長。全国大学体育連合専務理事。

金岡　恒治（かねおか　こうじ）
早稲田大学スポーツ科学学術院教授。筑波大学講師を務めた後に 2007 年から早稲田大学でスポーツ医学の教育・研究にたずさわる。シドニー、アテネ、北京五輪の水泳チームドクターを務め、ロンドン五輪には JOC 本部ドクターとして帯同した。アスリートの腰痛予防研究に従事しており、体幹深部筋研究の第一人者。

河合　純一（かわい　じゅんいち）
1975 年生まれ。静岡県出身。先天性ブドウ膜欠損症を持つ。5 歳から水泳を始め、パラリンピックはバルセロナ大会で初出場し、5 つのメダルを獲得。早稲田大学教育学部在学中にはアトランタ大会で金メダル 2 個を含む 4 個のメダルを獲得し、その後もロンドン大会まで 6 大会連続出場。通算で金メダル 5 個を含む 21 個のメダルを獲得し、日本人初のパラリンピック殿堂入りを果たした。2005 年大学院教育学研究科修了。

川口　浩 (かわぐち　ひろし)
1951 年、三重県生まれ。早稲田大学名誉教授。専門分野は日本経済思想史。近著：2022. A History of Economic Thought in Japan 1600-1945. co-author. UK: Bloomsbury.

坂本　静男 (さかもと　しずお)
駿河台大学スポーツ科学部特任教授。早稲田大学名誉教授。医学博士。国際ハンドボール運盟医事委員（2021 年 11 月まで）。アジアハンドボール連盟医事委員長（2021 年 11 月まで）。アジアスポーツ医学運盟理事（2022 年 12 月まで）。日本体力医学会理事（2020 年まで）。日本臨床スポーツ医学会理事（2020 年まで）。日本臨床運動療法学会理事。日本介護予防・健康づくり学会副会長兼理事。日本ノルディックウォーキング協会理事長。日本クアオルトウォーキング研究機構長。関本逓信病院循環器内科兼健康管理科医師、国際武道大学体育学部教授、順天堂大学医学部付属浦安病院内科（健康・スポーツ診療）講師、早稲田大学スポーツ科学学術院教授を歴任し、現在に至る。研究課題は生活習慣病に対する運動効果に関する研究。

関口　功志 (せきぐち　こうじ)
早稲田大学ヨット部監督。2006 年より株式会社リクルートマネジメントソリューションズにて、人材育成や組織活性化サービスを企業に提供。現在、同社人材育成サービスの責任者を務める。組織課題解決の立案や人材育成プログラムの開発などの実績多数。早稲田大学ヨット部を 16 年間指導し、3 度の三連覇を含む、10 度の大学日本一（監督としては 9 年間で 7 度の大学日本一）を達成。

髙嶌　遥 (たかしま　はるか)
1988 年生まれ。北海道出身。2010 年早稲田大学スポーツ科学部卒業。スケート部アイスホッケー部門 OG。トップアスリート入試第 1 期生、小野梓記念賞受賞。アイスホッケー元日本代表。トリノオリンピック最終予選チーム最年少出場、MVP 獲得。大学卒業後は単身渡欧。スイストップリーグ優勝、ドイツブンデスリーガ 1 部 3 位の成績を収める。2013 年競技引退後、三菱電機（株）入社。（公財）日本オリンピック委員会に出向、トップアスリートの就職支援に従事。2017 年～早稲田大学競技スポーツセンターにて、大学スポーツ振興の推進事業、2018 年～（独）日本スポーツ振興センターでスポーツキャリアサポート推進戦略事業等を担当。2021

年、（公財）東京オリンピック・パラリンピック競技大会組織委員会にて、競技運営に従事。現在は結婚に伴いアメリカに移住、スケート指導に携わる。

田口　素子 (たぐち　もとこ)
1964 年生まれ。東京都出身。早稲田大学スポーツ科学学術院教授。早稲田大学スポーツ栄養研究所所長。管理栄養士／公認スポーツ栄養士。専門分野はスポーツ栄養学。2011 年早稲田大学大学院スポーツ科学研究科博士後期過程修了。2000 年～国立スポーツ科学センタースポーツ医学研究部。2004 年～日本女子体育大学講師、准教授。2012 年～早稲田大学准教授を経て教授（現在に至る）。

田中　愛治 (たなか　あいじ)
早稲田大学第 17 代総長。1975 年早稲田大学政治経済学部卒業。1985 年オハイオ州立大学大学院修了、政治学博士（Ph.D.）。東洋英和女学院大学、青山学院大学、本学政治経済学術院教授などを経て現職。2006 年から本学の教務部長、理事、および世界政治学会（IPSA）会長などを歴任。

土屋　純 (つちや　じゅん)
早稲田大学スポーツ科学学術院教授。早稲田大学体操部監督。専門分野はスポーツ科学。これまでに早稲田大学体操部の指導の他、公益財団法人日本体操協会の委員として選手強化に携わり、同協会研究部長、東アジア大会日本代表監督、ワールドカップシリーズ日本代表コーチ、大学生日本代表コーチ等を務めた。

外池　大亮 (とのいけ　だいすけ)
1975 年生まれ。横浜市出身。1997 年早稲田大社会科学部卒業。1997 ～ 2007 年シーズンまで、ベルマーレ平塚、横浜 F・マリノス、大宮アルディージャ、ヴァンフォーレ甲府、サンフレッチェ広島、モンテディオ山形、湘南ベルマーレにてプロサッカー選手として活動。2007 年シーズンをもって引退後、2008 年より株式会社電通入社。サッカー日本代表関連の担当営業として、ブランディング、PR、各種イベントやサッカー日本代表戦運営業務を行う。2013 年より現スカパー JSAT 株式会社勤務。J リーグや海外サッカーの編成、制作、広告営業など幅広くスポーツコンテンツ事業に従事。またサッカー解説も行う。そして、スポーツ庁事業選定委員、J リーグよのなか科ファシリテーター、J リーグ新人研修講師などを務める。

鳥居　俊（とりい　すぐる）
早稲田大学スポーツ科学学術院教授。専門分野は、スポーツ整形外科、発育発達学。日本スポーツ協会公認スポーツドクター。バルセロナ五輪から東京2020まで、多くの大会で陸上競技選手団チームドクターとして帯同、日本陸上競技連盟医事委員会副委員長。

西多　昌規（にしだ　まさき）
早稲田大学スポーツ科学学術院教授。精神科専門医、睡眠学会専門医、公認スポーツドクター。東京医科歯科大学卒業。東京医科歯科大学助教、自治医科大学講師、ハーバード大学、スタンフォード大学客員講師などを経て、2017年より早稲田大学スポーツ科学学術院准教授。2023年により同教授。日本スポーツ精神医学会・理事長も務める。専門は精神医学、睡眠医科学、スポーツ医学。

橋本　俊彦（はしもと　としひこ）
東京都立大学人間健康科学研究科客員教授。日本体育大学、保健医療学部教授。2005年〜2006年早稲田大学スポーツ科学部非常勤講師。主な研究内容は、スポーツ外傷・障害の予防、スポーツ運動学、関節炎の病態および治療など。

平山　邦明（ひらやま　くにあき）
早稲田大学スポーツ科学学術院准教授。国立スポーツ科学センター契約研究員、早稲田大学スポーツ科学学術院講師を経て2016年より現職。博士（スポーツ科学）。専門はトレーニング科学。NSCA-CPT/CSCS、JSPO-AT。近著に『アスレティックパフォーマンス向上のためのトレーニングとリカバリーの科学的基礎』（編著）などがある。

広瀬　統一（ひろせ　のりかず）
早稲田大学スポーツ科学学術院教授。同大学教授としてアスレティックトレーニングおよびコンディショニングの指導を行っている。これまで東京ヴェルディや名古屋グランパスユースアカデミーフィジカルコーチを歴任。2008年から2021年東京オリンピックまでなでしこジャパンフィジカルコーチとして選手をサポートしている。

深町　花子（ふかまち　はなこ）
公益財団法人日本スポーツ協会スポーツ科学研究室研究員。早稲田大学スポーツ科学研究センター招聘研究員。研究分野はスポーツ心理学。研究課題として、アスリートのパフォーマンス向上への認知行動療法の適用に取り組んでいる。特に、近年ビジネスの分野でも注目されているマインドフルネスやアクセプタンス＆コミットメント・セラピーを、スポーツメンタルトレーニングに応用している。

福林　徹（ふくばやし　とおる）
早稲田大学スポーツ科学学術院名誉教授。医学博士。日本体力医学会評議員。日本関節鏡学会評議員。日本関節リウマチ外科学会評議員。日本フットボール学会理事。膝前十字靱帯二重再建術における半腱様筋腱の再生の研究の他、前十字靱帯をはじめとする非接触型靱帯損傷の受傷メカニズムの解析と予防法の開発、研究に取り組む。第17回秩父の宮記念スポーツ医・科学賞、功労賞、日本整形外科学会功労賞を受賞。

藤田　誠（ふじた　まこと）
1962年3月生、東京都出身、博士（商学）早稲田大学 1984年早稲田大学大学商学部卒業、1991年同大学院博士後期課程単位取得退学、1991年早稲田大学商学部専任講師、同助教授をへて同教授。2004年より同商学学術院教授。その間、商学学術院学術院長補佐（副担当）（2004年〜2006年 2010年〜2014年）、日本学術会議連携会員（2014年〜2020年）、グローバルエデュケーションセンター教務主任（2014年〜2016年）、商学学術院長・商学部長（2016年〜2020年）、グローバルエデュケーションセンター所長（2020年〜2022年）、競技スポーツセンターバスケットボール部長（2020年〜）、評議員（2022年7月〜）、早稲田大学理事（2022年9月21日〜）、日本労学会研究奨励制度による表彰（1992年）、日本経営学会賞（図書部門）（2008年）

藤本　浩志（ふじもと　ひろし）
早稲田大学人間科学学術院教授。早稲田大学競走部部長。専門分野は人間工学、福祉工学。ユニバーサルデザインやアクセシブルデザインに関する研究等を通じて、技術を用いる事で、障がいがあっても普通に生活ができることを支援する物や環境の整備を目指す。早稲田大学理工学部を卒業後、同大学院博士後期課程、早稲田大学助手、通商産業省生命工学工業技術研究所主任研究官等を経て、1998年早稲田大学人間科学部助教授。2004年から現職。

細川　由梨（ほそかわ　ゆり）
早稲田大学スポーツ科学学術院准教授。米国 BOC-ATC。専門分野はアスレティックトレーニングで、主な研究領域は暑熱環境下における運動生理学とスポーツセーフティ。エビデンスに基づいた熱中症予防の普及活動を進めている。

堀　正士（ほり　まさし）
早稲田大学教育・総合科学学術院教授。精神科専門医、公認心理師。専門分野は臨床精神医学で、学生のメンタルヘルス、職場のメンタルヘルス、アスリートのメンタルヘルス、教職員のメンタルヘルスなどを主に研究。筑波大学大学院人間総合科学研究科准教授を経て、2010 年より現職。学校メンタルヘルス学会理事。

松井　泰二（まつい　たいじ）
早稲田大学スポーツ科学学術院教授。1966 年生まれ、千葉県出身。1991 年早稲田大学人間科学部スポーツ科学科卒業、筑波大学人間総合科学研究科博士後期課程修了。

松本　泰介（まつもと　たいすけ）
早稲田大学スポーツ科学学術院教授・博士（スポーツ科学）、弁護士。早稲田大学競技スポーツセンター副所長。専門分野はスポーツ法、スポーツガバナンス。日本スポーツ仲裁機構（JSAA）スポーツ団体のガバナンスに関する協力者会議委員、スポーツ競技団体のコンプライアンス強化委員会委員など歴任。

室伏　渉（むろふし　わたる）
1972 年生まれ。東京都出身。1995 年早稲田大学人間科学部卒。2012 年相撲部監督就任〜現在に至る。勤務：株式会社ケンズアーキテクト　代表取締役

守屋　麻樹（もりや　まき）
1968 年生まれ。東京都出身。1991 年早稲田大学政治経済学部政治学科卒業。筑波大学人間総合科学研究科スポーツ健康システム・マネジメント専攻（体育学修士）。米国 CTI 認定プロフェッショナルコーチ CPCC。CRR グローバル認定組織と関係性のためのシステムコーチ（ORSCC）。日本アクションラーニング協会認定 AL コーチ。株式会社東京銀行（現三菱 UFJ 銀行）、日本コカ・コーラ株式会社、サイコム・ブレインズ株式会社を経て、2010 年に独立し、ローレルゲート株式会社代表取締役就任。企業研修講師、大学講師、アスリートや指導者向けセミナー講師、アスリートや経営幹部向けプロコーチとして活動中。

※コラム、および、Section 8 の執筆者の紹介は、本文中に記載しています。

協力

早稲田大学稲門体育会

早稲田大学広報課

早稲田大学教育・統合科学学術院

早稲田大学キャリアセンター

早稲田大学大学史資料センター

早稲田大学ダイバーシティ推進室

早稲田大学スチューデントダイバーシティセンター／ＧＳセンター

早稲田大学ハラスメント防止委員会

早稲田スポーツ新聞会

早慶戦支援会

VIVASEDA

慶應義塾福澤研究センター

写真協力

早稲田スポーツ新聞会

株式会社共同通信イメージズ

WASEDA ATHLETE PROGRAM
早稲田アスリートプログラム
大学でスポーツをするということ

2023 年 5 月 19 日 初版第 1 刷発行

編　集　　早稲田大学競技スポーツセンター

発行者　　所長 石井 昌幸

発行所　　学術研究出版

〒 670-0933　姫路市平野町 62

TEL. 079(222)5372　FAX. 079(244)1482

https://arpub.jp

印刷所　　小野高速印刷株式会社